Hannah Ryggen Triennale 2025
Editors Eva Rem Hansen & Linn Halvorsrød

MATER

Den unge mor:
hennes hjärta
voxer ut over henne
Det blir som en kruke
hon bär med en kostelig
drykk.
Midt i fullblodslykke
treffes hon mitt i hjärtat –
det händer noe med barnet.
Hjärtat krossas i tusen
bitar. Hon kryper kring
å samler skjärvar.
Menskjer ser makteløsa på.
Hon reiser seg og går
fremover bärande
byrden.

The young mother:
her heart
grows beyond her
It's like a jar
she carries with a precious
drink.
In the midst of full-blooded bliss
she is hit straight in the heart –
something is happening to the child.
Her heart is shattered into a thousand
pieces. She scrambles around
picking up shards.
People look powerlessly on.
She gets up and walks
onwards carrying
the burden.

Hannah Ryggen, text to *Mors hjerte* (*Mother's Heart*), from Thorvald Krohn-Hansen, ed., *Hannah Ryggen* (Trondheim: Nordenfjeldske Kunstindustrimuseum, 1968 [1980]), 34.

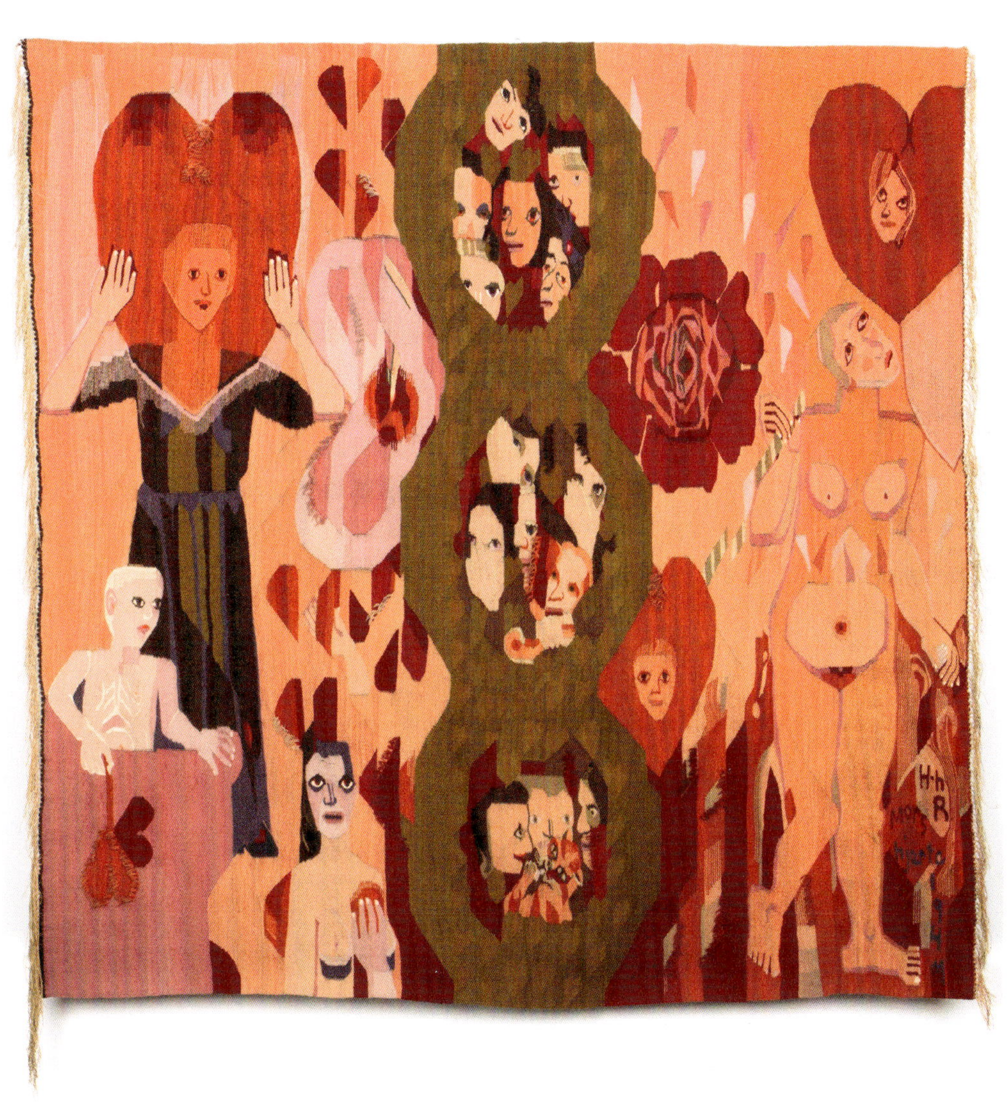

Hannah Ryggen, *Mors hjerte* (*Mother's Heart*), 1947.
Wool, silk, linen, 190×186 cm.
Nordenfjeldske Kunstindustrimuseum.

FORORD

Av Ingrid Lunnan, museumsdirektør, Nordenfjeldske Kunstindustrimuseum, og konstituert museumsdirektør, Trondheim kunstmuseum

Med Hannah Ryggen Triennale 2025 ønsker vi deg velkommen til den største triennale-utgaven noensinne, i alle fall i sin utstrekning. Nordenfjeldske Kunstindustrimuseum har arrangert Hannah Ryggen Triennale siden 2016. I 2022 ble flere institusjoner i Trondheim med, som Kunsthall Trondheim, Trondheim kunstmuseum og Kjøpmannsgata Ung Kunst (K-U-K). Med en stor bredde av utstillinger og arrangementer har Hannah Ryggen Triennale nå blitt en betydelig kunstfestival her i Trondheim.

Som et stort edderkoppnett spinner triennalens tråder over Trondheim og tar opp i seg institusjoner som Galleri Dropsfabrikken, K-U-K, Kunsthall Trondheim, Nordenfjeldske Kunstindustrimuseum, Trondheim kunstmuseum, Trøndelag senter for samtidskunst og Ørland/Bjugn Kunstforening. Trådene rekker helt over fjorden, til Ørland som var Hannah Ryggens hjemsted. Her skal Márjá Karlsen, som er en sjøsamisk kunstner og duojár, være årets gjestekunstner.

Veving som kunstnerisk uttrykksform går ufattelig langt tilbake i tid. Fra gresk mytologi kjenner vi historien om Arakne – en fantastisk dyktig vever som ble skapt om til en edderkopp. Sammenhengen mellom edderkoppen – som spinner sterke men nesten usynlige tråder og knytter eller vever dem sammen til store nett – og tekstilt arbeid finner vi igjen og igjen opp igjennom historien. Kunstneren Louise Bourgeois lagde monumentale edderkoppskulpturer som hun kalte *Maman*. I hennes kunstnerskap opptrer edderkoppen som en morsfigur. Den er ikke frastøtende, men omfavnende. Kunstneren har selv sagt: «Edderkoppen reparerer. Hvis du krasjer inn i et edderkoppnett blir hun ikke sint. Hun vever og reparerer det.» Tekstilarbeid er også omsorg og reparasjon. Edderkoppen spiller på denne måten på triennalens tema for 2025: MATER. I denne katalogen presenteres de ulike kunstinstitusjonenes inngang til temaet for årets triennale.

Vi retter en stor takk til alle kunstnere, institusjoner, utlånere, skribenter, forlag og andre samarbeidspartnere som har bidratt til Hannah Ryggen Triennale 2025 og til denne publikasjonen.

FOREWORD

By Ingrid Lunnan, director, Nordenfjeldske Kunstindustrimuseum (National Museum of Decorative Arts and Design) and acting director, Trondheim kunstmusem

With the 2025 Hannah Ryggen Triennale, we welcome you to the largest – by range at least – edition of the Triennale to date. Nordenfjeldske Kunstindustrimuseum (National Museum of Decorative Arts and Design) has organised the Hannah Ryggen Triennale since 2016. Starting with the 2022 edition, more of Trondheim's art institutions joined in and took part; Kunsthall Trondheim, Trondheim kunstmuseum and Kjøpmannsgata Ung Kunst (K-U-K), among others. With its vast breadth of exhibitions and events, the Hannah Ryggen Triennale has become a major art festival here in Trondheim.

Like a large spider's web, the threads of the Triennale are spun across Trondheim, encompassing institutions such as Galleri Dropsfabrikken, K-U-K, Kunsthall Trondheim, Nordenfjeldske Kunstindustrimuseum, Trondheim kunstmuseum, Trøndelag Centre for Contemporary Art, and Ørland/Bjugn Kunstforening. The threads reach all the way across the fjord to Ørland, where Hannah Ryggen lived and worked. Here, Márjá Karlsen, a coastal Sami artist and Duojár, will be this year's resident artist.

Artistic expression through weaving is an inconceivably ancient practice. From Greek mythology, we know the story of Arachne – an incredibly gifted weaver who was transformed into a spider. The connection between the spider – spinning strong but invisible threads, weaving them together into large webs – and textile works have emerged and reemerged throughout history. Artist Louise Bourgeois created monumental spider sculptures that she titled *Maman*. In her artistic practice, the spider appears as a maternal figure. It does not repel; it embraces. Bourgeois once said: 'The spider is a repairer. If you bash into the web of a spider, she doesn't get mad. She weaves and repairs it.' Textile work is also a form of care and repair. The spider is therefore incorporated into the theme for the 2025 edition of the Triennale: MATER. This catalogue presents the diverse approaches that the different art institutions took to this year's theme.

We would like to thank all the artists, institutions, lenders of works, writers, publishers and other collaborators that have contributed to the 2025 Hannah Ryggen Triennale and to this publication.

Nordenfjeldske
Kunstindustrimuseum

MATER: Mors hjerte/
MATER: Mother's Heart

Ann Cathrin November Høibo
Damien Ajavon
Elisabeth Haarr
Erlend Leirdal
Gunvor Nervold Antonsen
Hannah Ryggen
Hans Ryggen
Kjell Erik Killi-Olsen
Monika Mørck
Moa Håkansson
Olga de Amaral
Tove Pedersen

04.04
/ 14.09

HANNAH RYGGEN: MATER

Av Ingrid Lunnan, kurator for Nordenfjeldske Kunstindustrimuseums triennaleutstilling

I 1967 kjøpte Hannah Ryggen et lite koptisk tekstil – et vevd fragment hvor motivet er en kvinnefigur og en okse, i en ramme av stiliserte blader og planter. Hvorfor gjorde hun det? Koptiske tekstiler er blant de eldste tekstilene i europeiske museumssamlinger, og stammer fra 200–500 e.Kr. De var populære blant forskere og samlere gjennom 1900-tallet, og det har blitt anslått at det fantes over 150 000 koptiske tekstilfragmenter i ulike museumssamlinger rundt 1970. Den største delen av disse tekstilene ble funnet i Egypt, ofte i tidligkristne graver. Det lille fragmentet som endte opp i Hannah Ryggens eie og deretter på Nordenfjeldske Kunstindustrimuseum, kjøpte Ryggen av svenske Tove Alm, som gjorde utgravninger i Egypt på 1950- og 60-tallet, og samlet på koptiske tekstiler som i ettertid har funnet veien til museer over hele Europa. Utover dette er tekstilfragmentets historie ukjent, men det åpner opp for en tusenårig historie som knytter Ryggen selv til en rik tekstiltradisjon, og til en lang linje av tekstile formødre.

Mater er den røde tråden i Hannah Ryggen Triennale 2025. *Māter* er latin for *mor*, og opphav til ord som *materiale* og *materialitet*. Det engelske ordet *matter*, som også er avledet fra *māter*, henviser både til *materie* og det *å bety noe*. Årets triennaletema åpner dermed for å belyse det moderlige i bred forstand – ikke bare som et kjønnet, biologisk, og personlig anliggende, men som spørsmål om skapelse mer generelt, om kulturelt opphav og nedarvede tradisjoner, og om omsorg for vår historie, våre medmennesker og våre omgivelser. Gjennom et utstrakt samarbeid mellom institusjoner løftes både Ryggens og andre kunstneres blikk på mors-, kvinne- og omsorgsroller, på tekstil materialitet og på kunstnerisk opphav frem.

Triennalens kjerne: Morshjertet

I årets triennaleutstilling på Nordenfjeldske Kunstindustrimuseum kan vi endelig, etter mer enn fire år med stengt museumsbygg, åpne dørene og ønske publikum velkommen til Storsalen. I utstillingen ser vi til noen av Ryggens anonyme formødre, og finner moren som motiv i flere av Ryggens egne billedtepper, blant annet *Mors hjerte* fra 1947. *Mors hjerte* har inspirert den visuelle profilen til årets triennale, og skaper med sine plantefargede ulltråder i variasjoner av rosatoner og mosegrønt en ramme for triennalen. *Mors hjerte* er et av Ryggens mest personlige tepper, hvor hun på en uredd måte tar opp kompleksiteten i morsrollen. Det handler om den sårbare moren som oppdager at barnet ikke er friskt. Datteren Mona hadde epilepsi, en sykdom som på første halvdel av 1900-tallet var ukjent for mange. Familien Ryggen opplevde derfor både spekulasjoner og baksnakk. Ifølge Hannah Ryggen var det de som brydde seg «katten» – et svensk uttrykk for likegyldighet. Derfor har hun også vevd inn mennesker og en katt nederst i rankemotivet som finnes sentralt i verket. Dette fremtredende rankemotivet er på den ene siden en abstrakt form, på den annen side gir det assosiasjoner til en kjede eller en kjetting – eller til et dna-molekyl. Dermed kan man si at temaer som opphav og tilknytning også strekker seg inn i verkets form.

Til triennaleutstillingen er Ann Cathrin November Høibo invitert til å lage et verk som knytter seg til nettopp *Mors hjerte*. November Høibo arbeider innenfor flere medier, men som regel med tekstil som utgangspunkt, og hun har et svært bevisst forhold til vevtradisjonen hun står i og viderefører. Hun omtaler Hannah Ryggen som en av sine viktigste inspirasjonskilder, og har tidligere laget verket *Untitled (diptych)* (2017) – et abstrakt verk som går i dialog med Ryggens eksplisitt politiske verk *6. oktober 1942* (1942–43) gjennom sin fargeholdning. Når November Høibo på nytt skal nærme seg et Ryggen-verk er det igjen fargene som danner et slektskap: for første gang skal hun gjøre utstrakt bruk av rød- og rosatoner, farger som i lesninger av *Mors hjerte* knyttes til naken hud og blod, som både binder oss sammen og skiller oss fra hverandre, og som symboliserer kjærligheten, ikke minst fra mor til barn.

Formødre – i tradisjonen og i egen familie

Forbindelsene mellom vår egen tids kunstnere og deres tekstile formødre finner vi også i verket *Stjernenatt/ Koptisk hode* (2012) av Tove Pedersen. Motivet er inspirert av en vevnad på en koptisk kjortel fra 700-tallet som Pedersen så på Musée du Louvre. Det koptiske portrettet er i verket satt opp mot en stjernehimmel som ligner på Vincent van Goghs berømte *Stjernenatt*, malt i 1889. Pedersen har i sin karriere vært politisk aktiv og engasjert i fagpolitisk arbeid, men dette har ikke kommet tydelig til uttrykk i tekstilverkene hennes. Her har hun heller satt søkelys på øyeblikksbilder, folkekunst, klare koloritter og et utforskende form- og materialspråk. Men kan ikke det å vende seg til tradisjonen også være et politisk grep? Ved å sammenstille referanser til koptisk tekstil og Vincent van Gogh i ett og samme verk knytter Pedersen vevtradisjonen til den vestlige malerihistorien og dens mestre, som har fått langt større oppmerksomhet i moderne kunsthistorieskrivningen; det kan betraktes som et revisjonsarbeid.

Trondheimskunstnerne Erlend Leirdal og Monika Mørck spinner videre på mater-tematikken i sine arbeider i utstillingen, der de begge nøster seg tilbake til sine tekstile formødre i mer personlig forstand. Leirdals installasjon har utgangspunkt i hans egne minner fra slektsgården i Aure på Nordmøre, og de tidligere generasjonenes naturalhusholdning. Som for Ryggen-familien på Ørlandet levdes livet her i tett samspill med naturen, gjennom fiske, sanking, setring og skogsarbeid, og gjennom bearbeiding av naturens gaver i ulike typer håndverk. Som kunstneren påpeker smeltet naturen, landskapene, alle brukstingene og arbeidsmetodene sammen, og livsgrunnlaget hvilte i en finstilt balanse mellom kjønnene. Arbeidsfelt som gjerne var kjønnsspesifikke – som trearbeid og vevkunst – forholdt seg til en urgammel orden, der de var sinnrikt vevd sammen. Vevstolen, en trekonstruksjon som muliggjør tekstilt håndarbeid, eksemplifiserer nettopp dette, og i mange tilfeller – blant annet i tilfellet Hannah Ryggen – var stolen bygget av veverskens egen mann, av omtanke så vel som nyttehensyn.

I sitt kunstnerskap gjenoppliver og utvikler Monika Mørck eldre husflidstradisjoner, som hardangersøm og svartsøm. I utstillingen vises verker fra seriene *Samtalar* og *Dagbokbroderi* (2021), der broderte tekstilfragmenter følges av personlige tekster. I den første av seriene tematiseres overlevering av håndarbeidskunnskap gjennom generasjoner, med fokus på Mørcks egen familie. I den andre serien handler tekstene om utfordringene og kvalene man fortsatt møter i forsøket på å kombinere kunstnerisk arbeid og familieliv. Håndarbeid og (kunst)håndverk er langsomme prosesser, som krever tålmodighet og tid – altså *omsorg*, og Mørck illustrerer hvordan en kunstnermors fordeling av omsorg mellom egne barn og egne verk stadig er et dilemma.

Opprinnelseshistorier

Motivet «mor og barn» er tidløst og både universelt og partikulært, allment og dypt personlig. Det har i kunsthistorien symbolisert skapelse, reproduksjon og videreføring av liv. Hannah Ryggen nærmet seg først dette motivet innenfor religionens rammer: et av de tidligste arbeidene vi kjenner fra hennes hånd er en eksamensplansje fra Malmø seminarium i 1912, som avbilder Maria med barnet på fanget. Religiøse overtoner finnes også i det tidligste vevstykket vi kjenner til, *Evadatter* fra 1923, en gobelinvev i beskjedent format som Ryggen hadde med seg da hun flyttet til Ørlandet. I veven ses en yppig, rødkledd kvinne med vakkert hår som bølger seg utover billedflaten, omkranset av frodige vekster. Verket har i litteraturen vært omtalt som et selvportrett, og kan ha blitt laget i perioden da Hannah fikk vite at hun ventet barn, men har også et mer allment innhold. Ved siden av kvinnen ses et hjerte og en sommerfugl, som menes å symbolisere sorg og glede – og verket bærer slik sett i seg de store og motstridende følelsene som senere knyttes til morsrollen i *Mors hjerte*. Videre gir både verkstittelen, blomstene og fruktene som omgir kvinnen, og den gylne bakgrunnen de fremtrer på, assosiasjoner til Eva i paradis – ikke som personifisert synd, men som en frodig og skapende kvinne, en fruktbarhetsgudinne eller urmor som i kraft av sin tilknytning til naturen er selve kilden til livet.

Ideen om en urmor som et gudommelig grunnlag for liv går igjen på tvers av kulturer. I utstillingen vises verket *Alquimia Roja* laget av colombianske Olga de Amaral i 1988. Amaral er blant flere kunstnere som på 1970-tallet hentet inspirasjon fra folkekunsttradisjoner – i hennes tilfelle den precolombianske kunsten – og som i dag nyter økt anerkjennelse for sitt arbeid med å løfte frem urfolkenes kultur og perspektiver. Når hun i serien «Alkymi» bruker gull, er det med referanse til religiøse oppfatninger om det skimrende gullet som et kontaktpunkt mot det gudommelige, og dermed også en oppfatning av det materielle og det spirituelle som tett forbundet. Med dette poengterer hun implisitt at plyndringen av edle materialer fra urfolksområder ikke alene er et spørsmål om materielle ressurser; utvinningen av «moder jord» er også et angrep på kulturenes ideer om sin egen opprinnelse.

Kvinner i kamp

Etter hvert som Ryggens politiske bevissthet våknet, fikk også hennes morskapsskildringer en tydeligere politisk brodd. Det ser man særlig i verket *Liselotte Hermann halshuggen* fra 1938, som er bygget over det klassiske madonnamotivet, men satt i en aktuell kontekst. Herrmann var en jødisk student som arbeidet for den kommunistiske barneorganisasjonen «Pionerene» og med politisk arbeid i opposisjon til nazipartiets voldsmakt. Hun ble arrestert for landsforræderi i 1935 og samtidig fratatt sin lille sønn. Da hun ble dømt til døden vakte det reaksjoner i hele Europa, men til ingen nytte: Herrmann ble henrettet sommeren 1938. Hannah Ryggen fulgte forferdet sakens utvikling i norske aviser, og vevet teppet der Herrmann er portrettert med barnet i fanget. Nede i teppets høyre hjørne avbildes hun igjen, nå i fengselscellen mens hun omfavner en bylt med klær etter barnet sitt, klær som angivelig ble kastet inn i cellen som respons på hennes ønske om å ta et siste farvel. Opposisjonen som Herrmann utviste, og som Ryggen viste da hun vevet dette motivet, har blitt sammenlignet med kampånden Arnulf Øverland etterlyser i diktet *Du må ikke sove*, skrevet to år tidligere, der et av versene lyder:

Jeg roper i mørket – å, kunde du høre!
Der er en eneste ting å gjøre:
Verg dig, mens du har frie hender!
Frels dine barn! Europa brenner!

Kjemp – for dine barn – mens du har frie hender, proklamerer diktet. Hånden er et gjennomgående motivelement i Hannah Ryggens verker, og i flere verker av andre kunstnere både i Nordenfjeldske Kunstindustrimuseums triennaleutstilling og de andre utstillingene som inngår i triennalen. Hånden er sentral for disse kunstnerne fordi den er deres viktigste arbeidsredskap – de arbeider med *håndverk og håndarbeid* – men den er også til stede som et symbol. Dens betydning kan variere fra verk til verk: noen ganger er den et uttrykk for omsorg, idet den strekkes ut til en neste. Andre steder leter hånden famlende etter noen andre; den uttrykker et behov for å bli plukket opp og holdt. I flere av verkene er hånden imidlertid et uttrykk for nettopp kampvilje – knyttet til kvinnerettigheter, rettferdig fordeling av ressurser, og bærekraftig ivaretagelse av «moder jord» og alle hennes etterkommere.

Omsorg og avstand

I en analyse av Bobby Bakers performance *The Kitchen Show* (1991) skriver kunsthistorikeren Griselda Pollock at motivet 'mor' i kunsten må forstås som et *sted*, et støttende rammeverk for andres liv. Tanken om mor som et støttende rammeverk innebærer et skille mellom morsrollen og det mer omfattende selvet som enhver mor har, og mellom morsrollen og de andre som skal næres og ivaretas. På engelsk understrekes denne dikotomien i begrepsparet Mother/Other. I triennalekonteksten kommer dikotomien til uttrykk i ambivalensen som knyttes til morsrollen, eller til skaperrollen i stort, i flere av triennaleutstillingenes verk. Mest uttalt er dette i Kjell Erik Killi-Olsens aller første skulptur – *Det annerledes barnet* fra 1983 – som fremstiller noe annet enn varme, kjærlighet og omsorg.

I denne skulpturen er mor og barn langt fra å smelte sammen til en organisk og symbiotisk form: Killi-Olsens stive og sårbare mor holder barnet ut fra sin egen kropp, og uttrykker keitethet og en følelse av fremmedhet overfor sitt «annerledes barn» – en følelse som også vaker under overflaten i Ryggens *Mors hjerte*. Triennalen skal være et sted for å utforske spenningen mellom omsorg og avstand, og skiftende historier om sosiale normer, handlingsrom og frigjøring i forholdet mellom mødre og barn – i videste forstand.

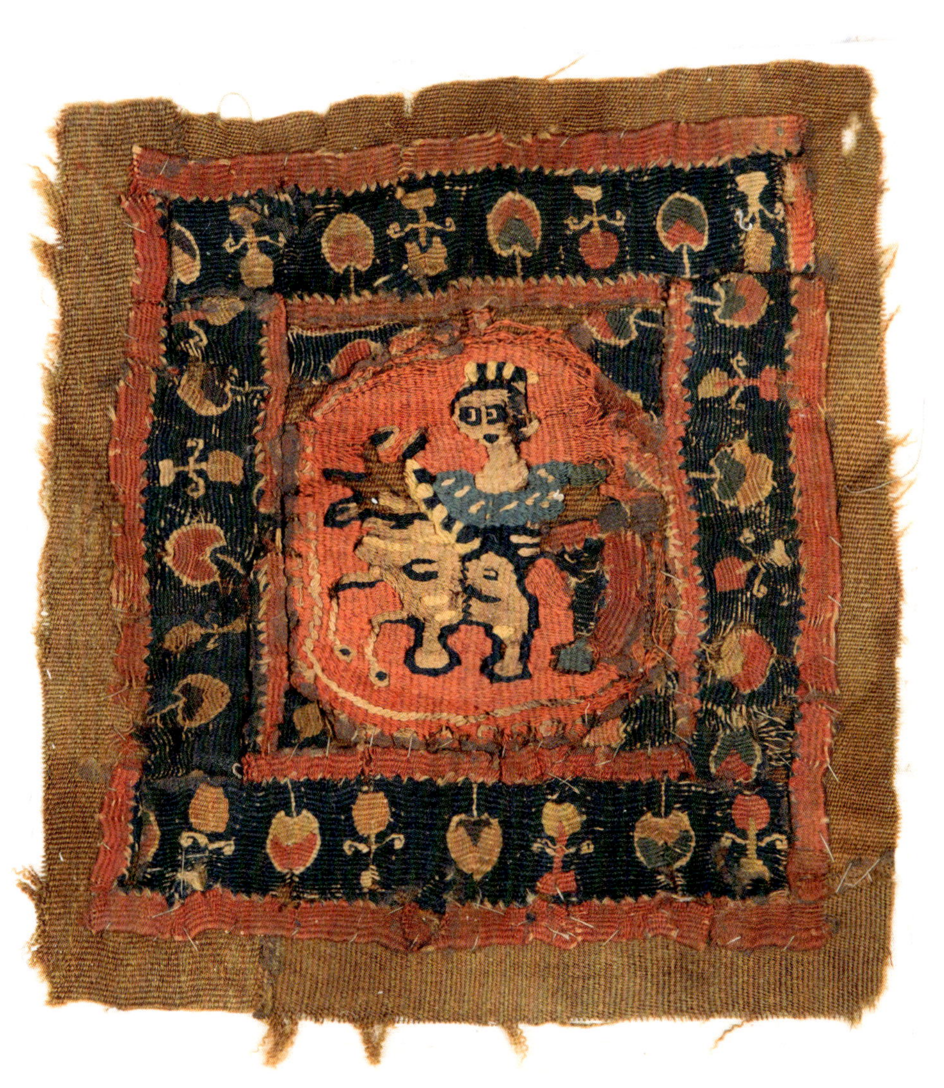

Unknown artist, Coptic textile, 300–500 AD.
Wool, 19×17 cm.
Nordenfjeldske Kunstindustrimuseum.

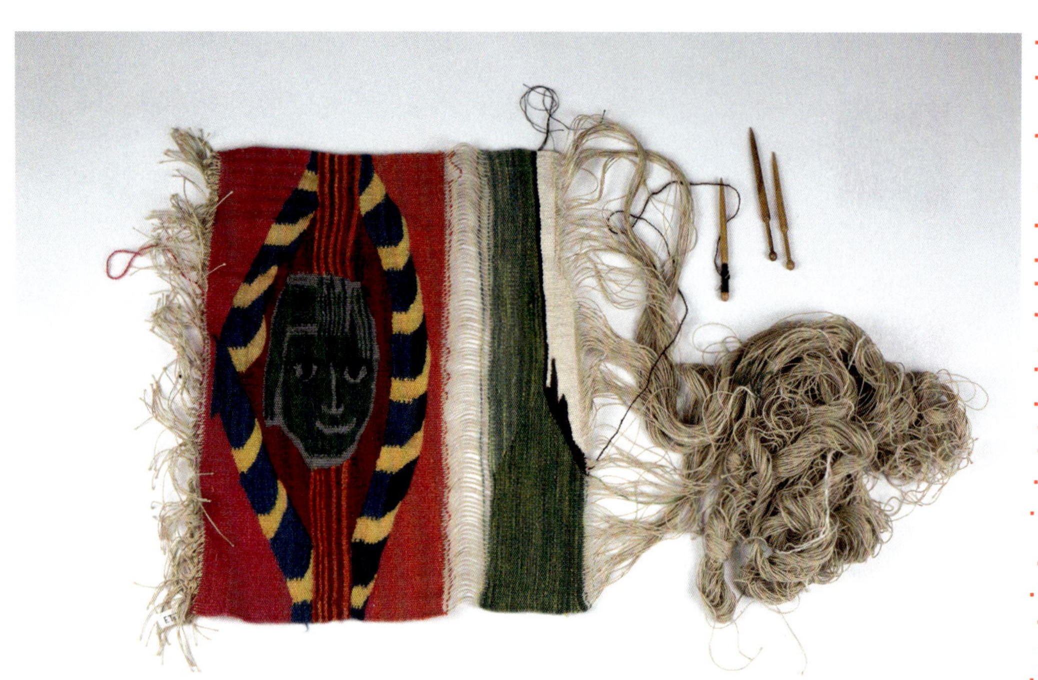

Hannah Ryggen, *Selvportrett* (*Self-Portrait*), 1969–70.
Wool, linen, 51×40 cm.
Nordenfjeldske Kunstindustrimuseum.

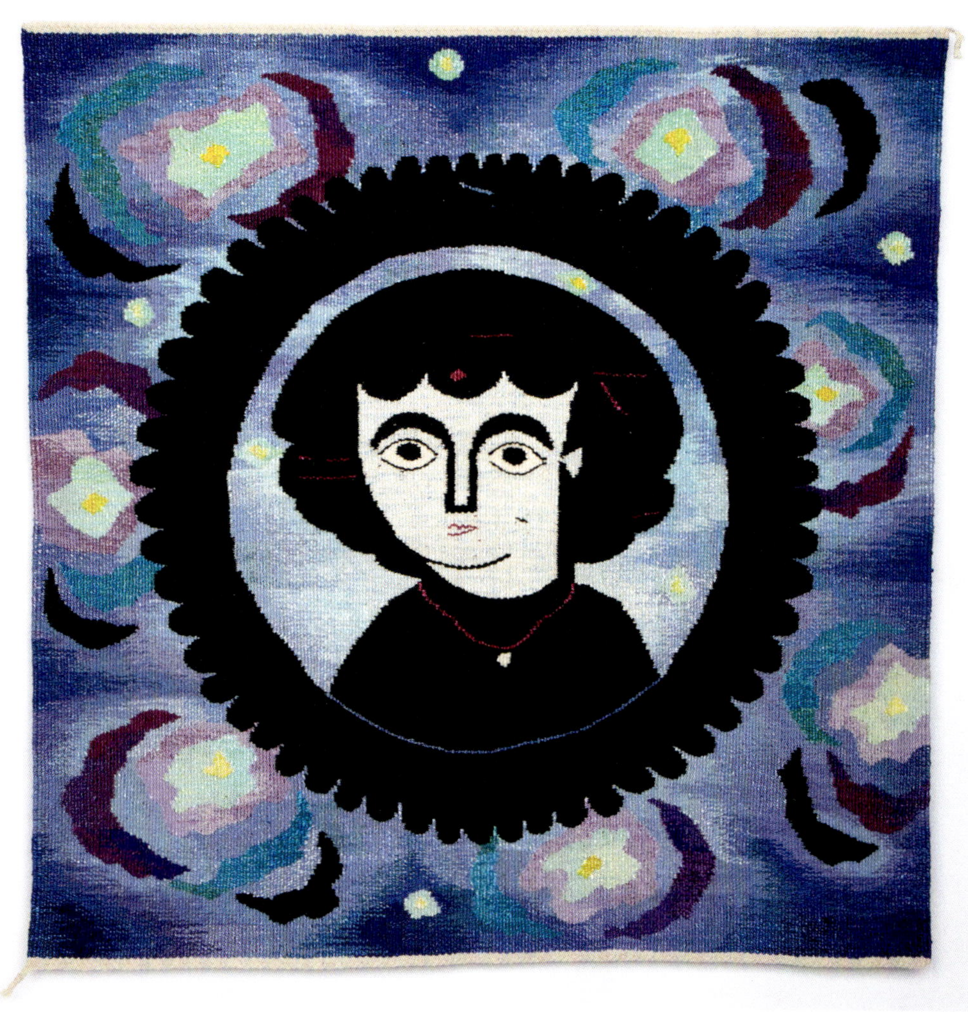

Tove Pedersen, *Stjernenatt/Koptisk hode* (*Starry Night/ Coptic Head*), 2012. Wool, linen, nylon, 162×160 cm. Nordenfjeldske Kunstindustrimuseum.

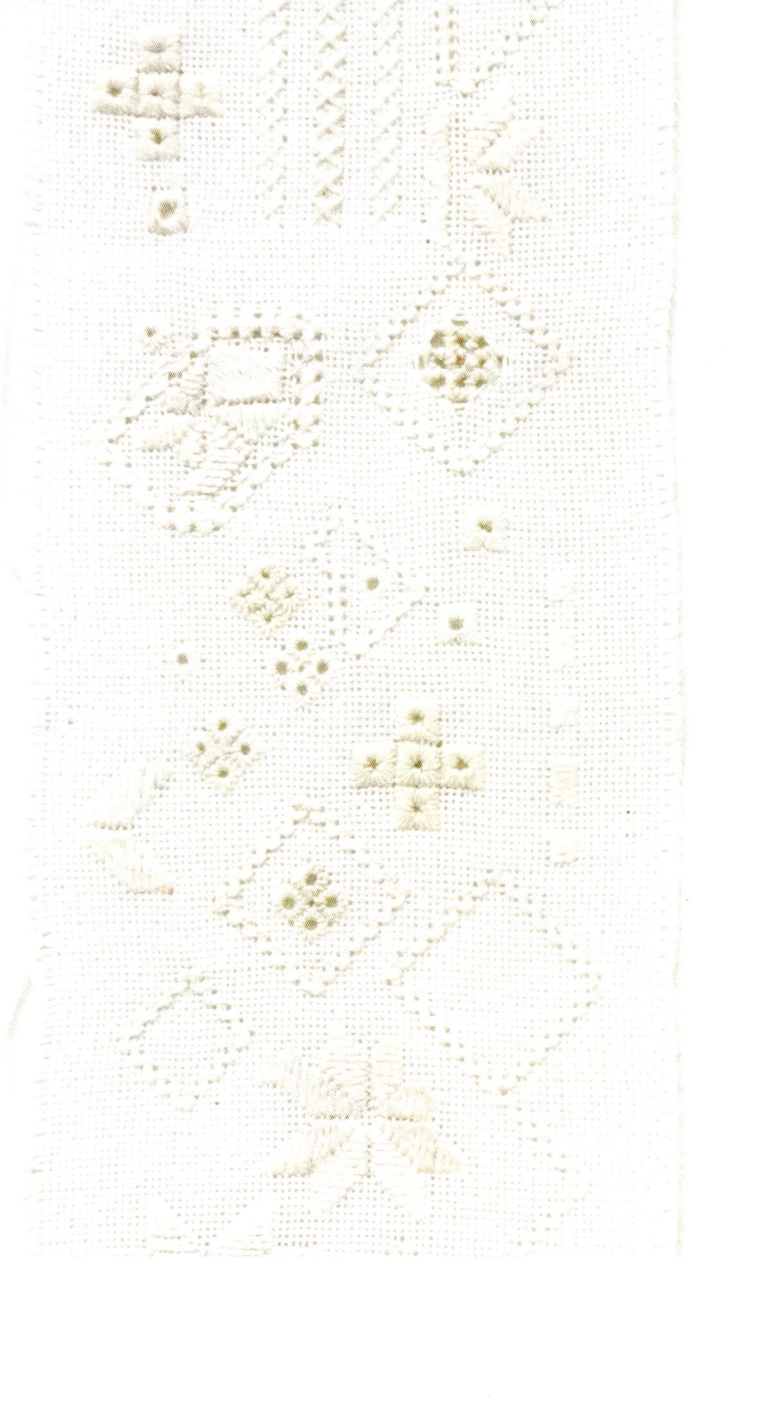

Formødrer
Eg likar godt å høyre farmor fortelje om formødrene mine. Oldemødrer og tippoldemødrer. Om deira liv og forhold til handarbeid. Til dømes Tante Ragnhild, tanta til farmor, ho var godt gift og hadde ikkje born. Ein kan sjå på mengda og utføringa av alt handarbeidet som er igjen etter ho, at handarbeid må ha betydd mykje. Ho hekla, knipla og broderte, og ofte laga ho varer til basarar for velgjerdsorganisasjonar.

Systera hennar, oldemora mi, hadde fem born. Ho strikka heile året, sokkar og vottar som skulle bli julegåver.

Female Ancestors
I like to listen to my grandmother when she is telling about my ancestors: Great grandmothers and great-great grandmothers. About their life and relation to needlework. Aunt Ragnhild for example, my grandmother's aunt, she married well and didn't have any children. You can tell by the amount and the execution of the works that needlework must have meant a lot to her. She crocheted, laced and embroidered, and she often made items for bazaars and charity.

Her sister, my great grandmother, she had five kids. She was knitting the whole year around, socks and mittens, they were going to be Christmas presents.

Monika Mørck, *Formødrer.*
(*Female Ancestors*) (detail), 2021.
Linen, paper, 48×35 cm.

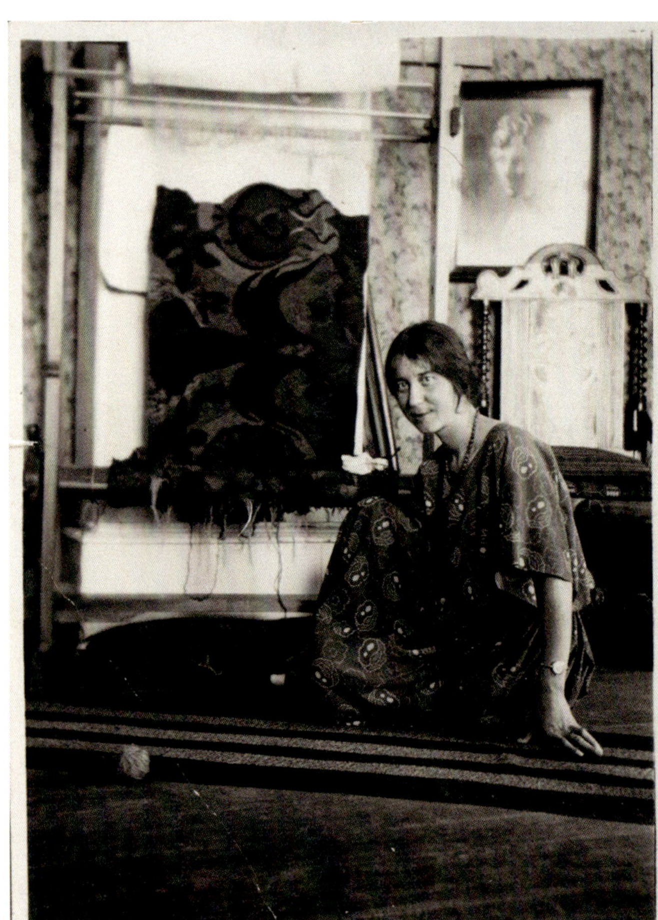

"Sån så jeg ut den gång jeg vävde mitt forsta teppe. Kjolen hadde jeg selv sytt. Tyget var vallmurøtt ylle musslin med svage beige tegninger i. Den kjolen hadde jeg på den gangen Hans så meg första gangen i Dressden i Ritshels strasse år 1921–22."

Hannah Ryggens kommentar, skrevet på baksiden av fotografiet.

'This is how I looked when I wove my first tapestry. I had sewn the dress myself. The fabric was poppy red muslin wool with beige patterning. I wore that dress the first time Hans saw me in Dresden in Ritshels Strasse year 1921–22.'

Comment by Hannah Ryggen, written on the back of the photograph.

Hannah Ryggen with *Evadatter* (*Daughter of Eve*), 1923.

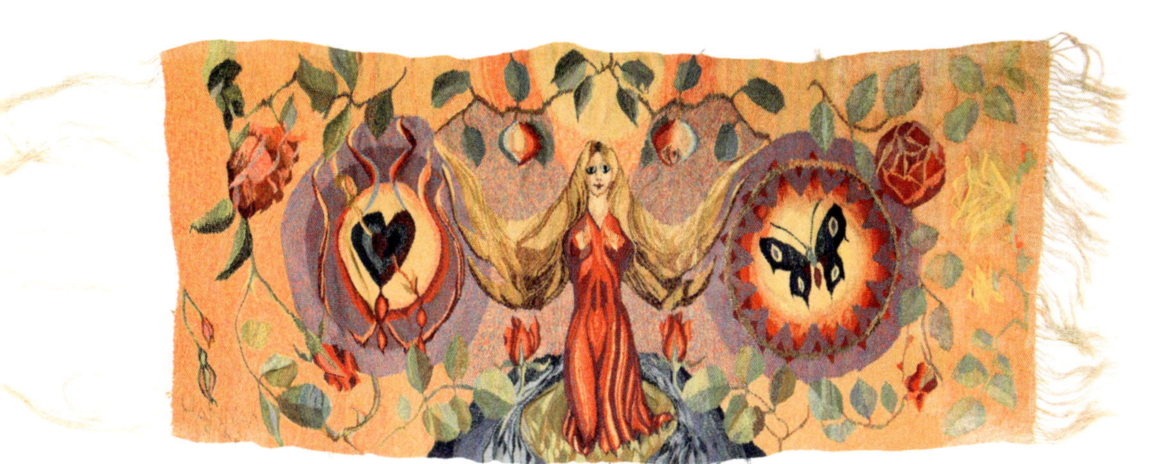

Hannah Ryggen, *Evadatter* (*Daughter of Eve*), 1923.
Wool, linen, 54×125 cm.
Nordenfjeldske Kunstindustrimuseum.

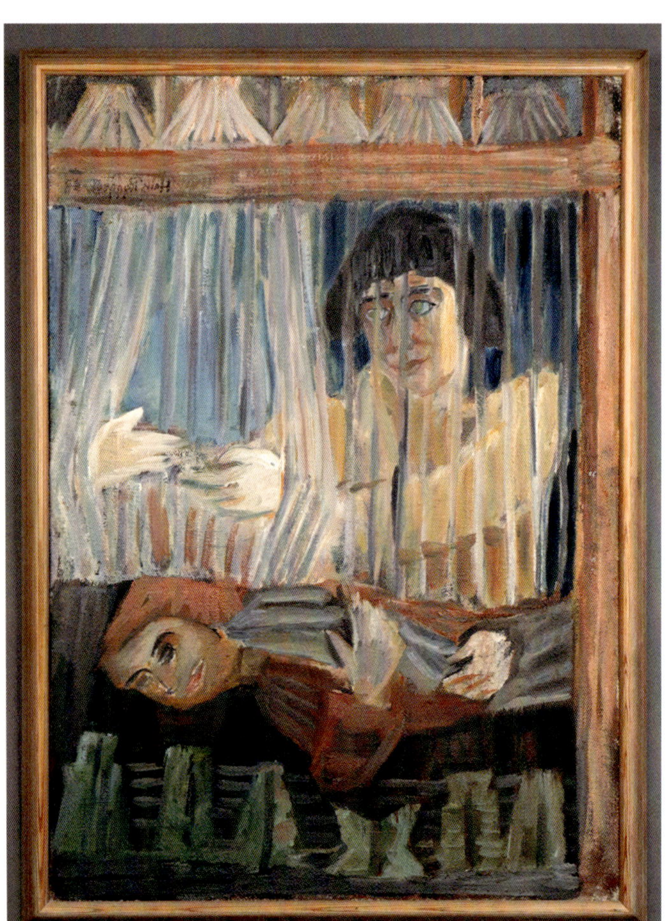

Hans Ryggen's painting depicts Hannah Ryggen weaving *Liselotte Hermann halshuggen*.

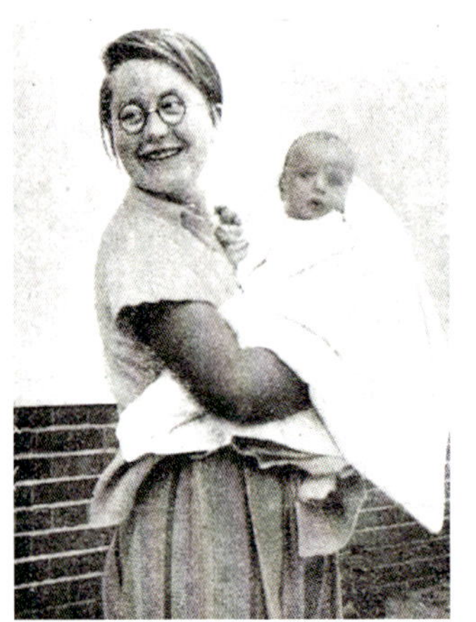

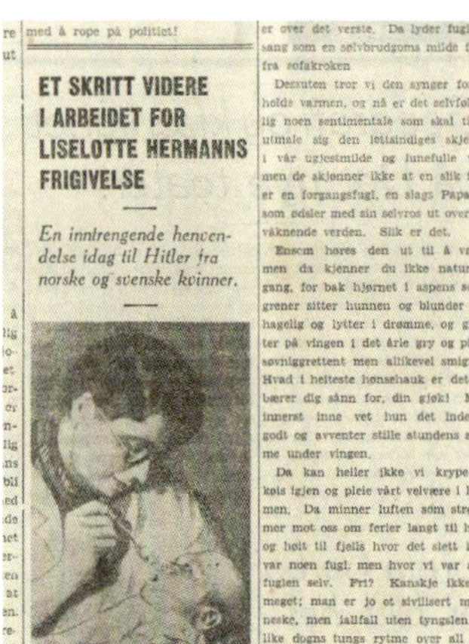

med å rope på politiet!

ET SKRITT VIDERE I ARBEIDET FOR LISELOTTE HERMANNS FRIGIVELSE

En inntrengende henvendelse idag til Hitler fra norske og svenske kvinner.

er over det verste. Da lyder fugle
sang som en selvbrudgoms milde fl
fra sofakroken

Dessuten tror vi den synger for
holde varmen, og nå er det selvfølg
lig noen sentimentale som skal til
utmale sig den lettsindiges skjeb
i vår ugjestmilde og lunefulle v
men de skjønner ikke at en slik f
er en forgangsfugl, en slags Papa
som ødsler med sin selvros ut over
våknende verden. Slik er det.

Ensom høres den ut til å væ
men da kjenner du ikke natur
gang, for bak hjørnet i aspens s
grener sitter hunnen og blunder
hagelig og lytter i drømme, og gl
ter på vingen i det årle gry og pi
søvniggrettent men allikevel smig
Hvad i heiteste hønsehauk er det
bærer dig sånn for, din gjøk! M
innerst inne vet hun det inde
godt og avventer stille stundens s
me under vingen.

Da kan heller ikke vi krype
køis igjen og pleie vårt velvære i h
men. Da minner luften som str
mer mot oss om ferier langt til h
og høit til fjells hvor det slett i
var noen fugl, men hvor vi var s
fuglen selv. Fri? Kanskje ikke
meget; man er jo et sivilisert m
neske, men iallfall uten tyngslen
like døgns tungs rytme over all
forventning.

Left
Liselotte Herrmann and her son Walter, from article published in *L'Humanité* in June 1938.

Right
Liselotte Herrmann and her son Walter, from article published in *Dagbladet*, March 1938.

Hans Ryggen, *Veversken* (*The Weaver*), 1938.
Oil on canvas, framed, 110×78 cm. Ivar Holst Sollie.

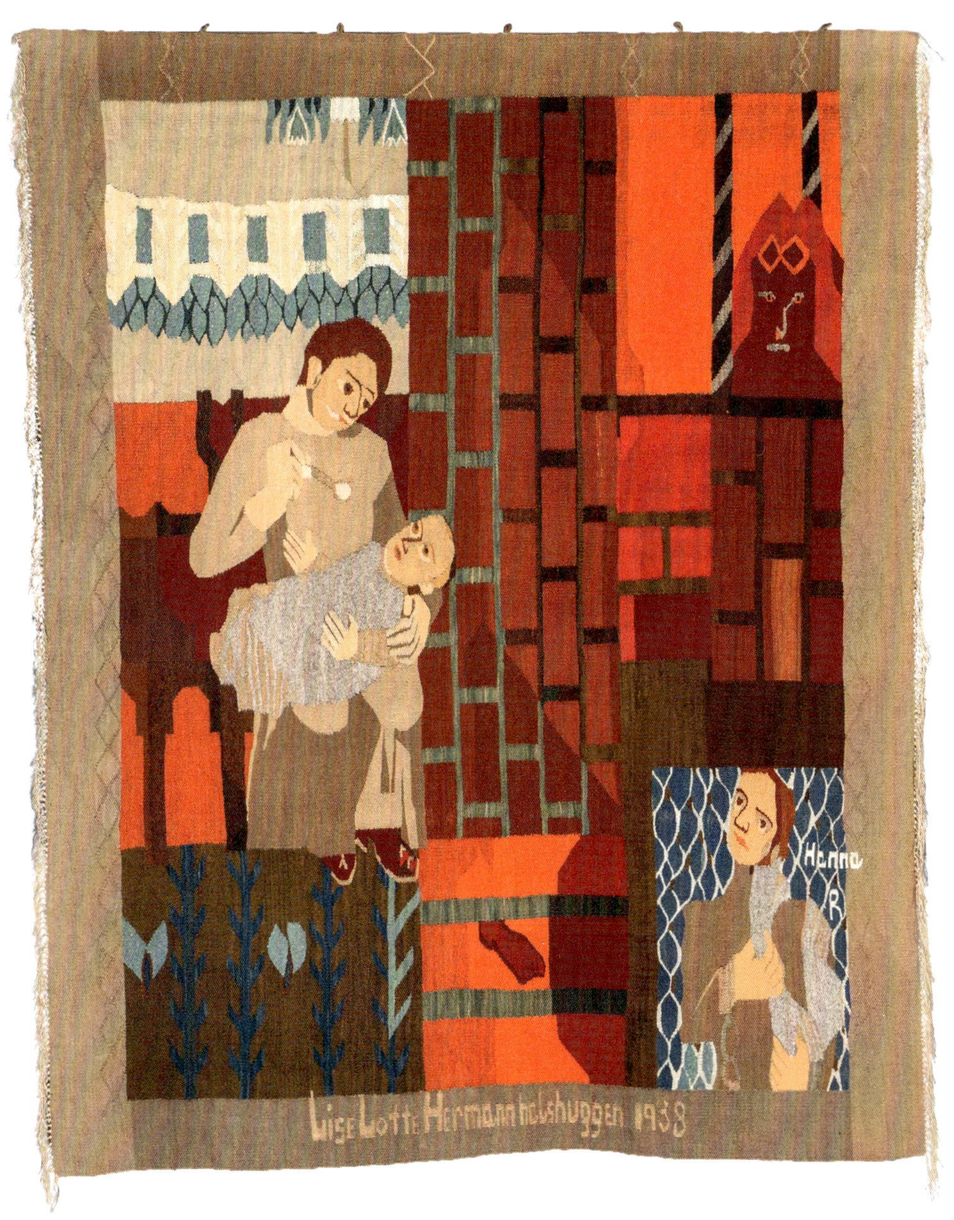

Hannah Ryggen, *Liselotte Hermann halshuggen* (*Liselotte Hermann Beheaded*), 1938.
Wool, linen, 197×165 cm.
Nordenfjeldske Kunstindustrimuseum.

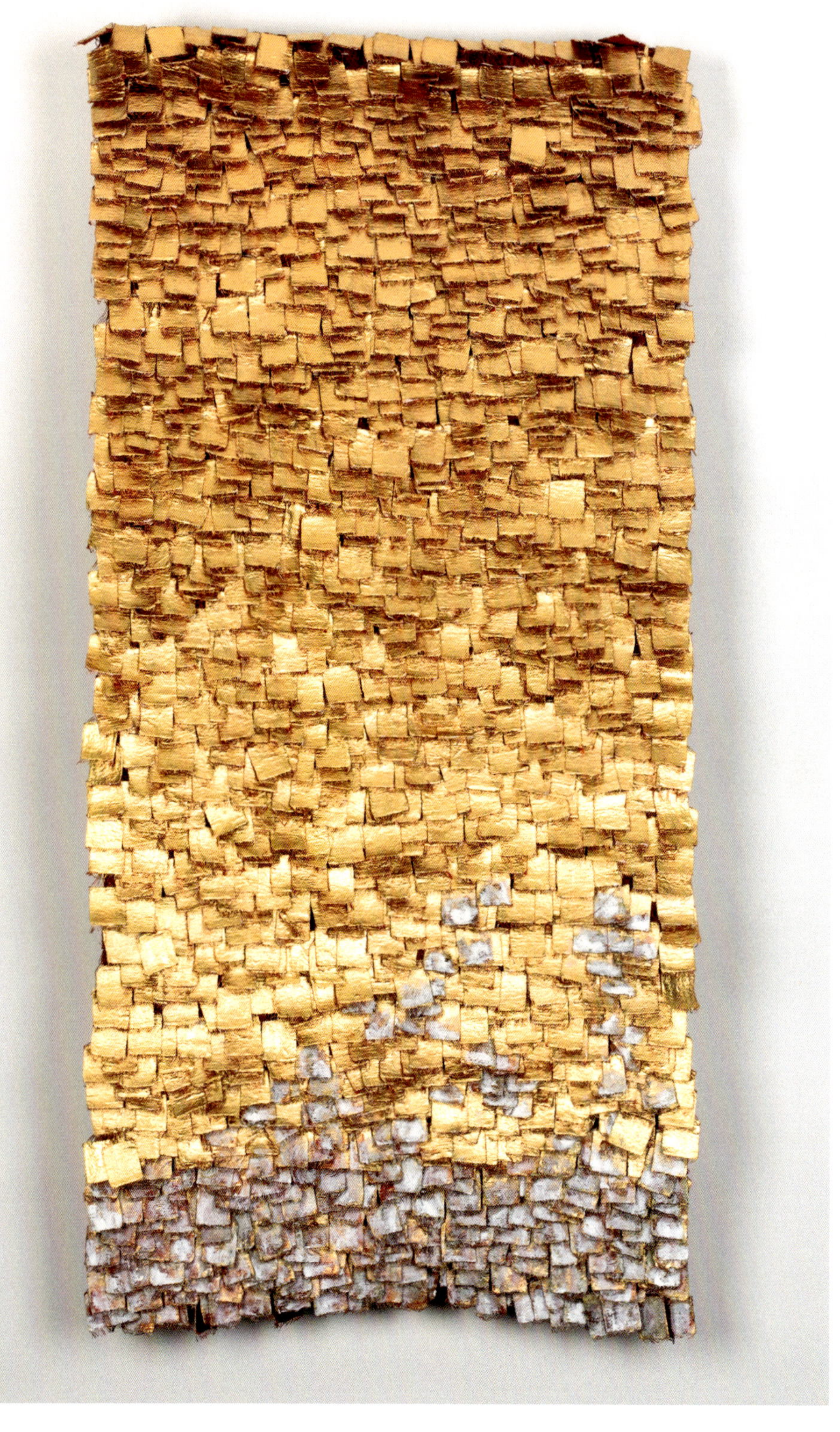

Olga de Amaral, *Alquimia Roja*, 1987.
Cotton, wool, linen, paint, 150×75.
Nordenfjeldske Kunstindustrimuseum.

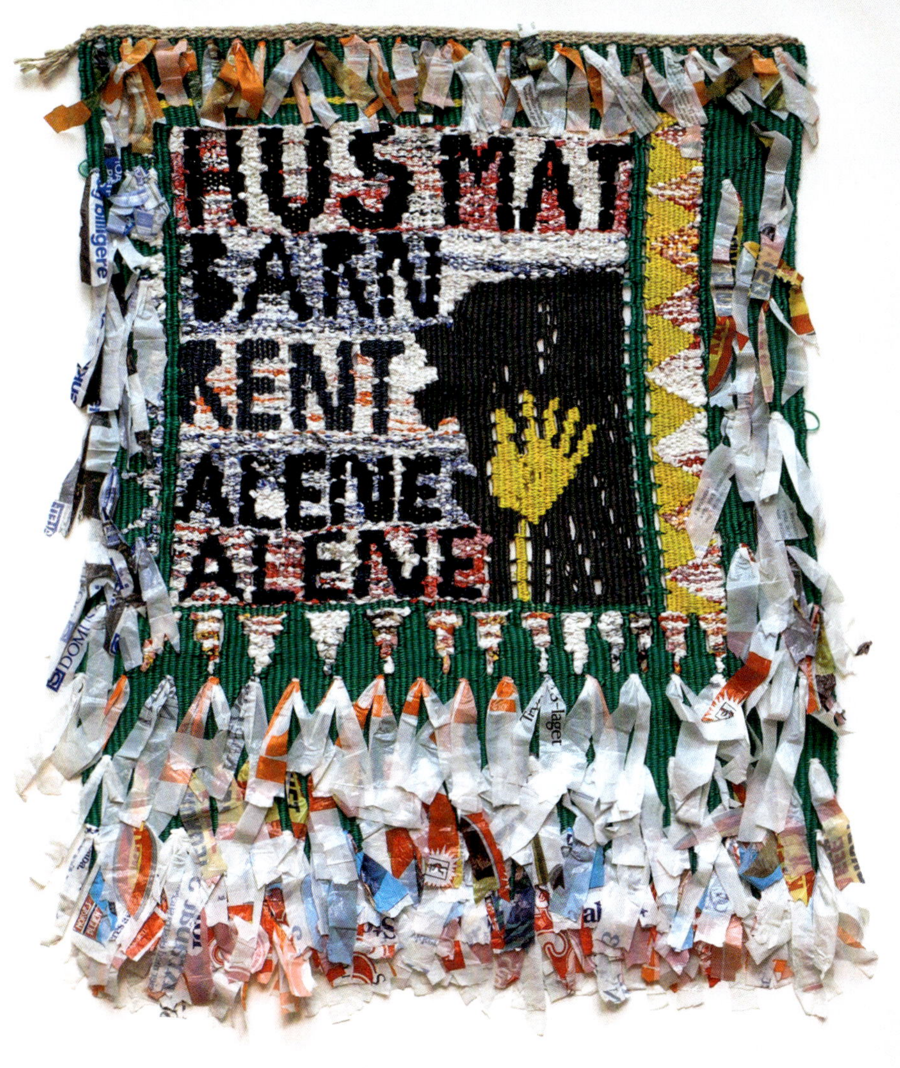

Text on the tapestry: 'House Food Children Clean Alone Alone'.

Elisabeth Haarr, *Frustrasjonsteppe* (*Frustration Tapestry*), 1981. Nylon, plastic polyester, shopping and nappy bags, 130×130 cm. Nordenfjeldske Kunstindustrimuseum.

HANNAH RYGGEN: MATER

By Ingrid Lunnan, curator of the Triennale exhibition at Nordenfjeldske Kunstindustrimuseum (National Museum of Decorative Arts and Design)

In 1967, Hannah Ryggen bought a small Coptic textile – a woven fragment depicting a female figure and an ox, framed by stylised leaves and plants. Why? Coptic textiles are among the most ancient textiles in European museum collections, dating from 200–500 AD. They were in great demand among scientists and collectors throughout the 20th century, and it is estimated that there were more than 150,000 Coptic textile fragments across different museum collections around 1970. The majority of these textiles were discovered in Egypt, typically in early Christian tombs. The diminutive fragment that belonged to Hannah Ryggen, and later ended up at Nordenfjeldske Kunstindustrimuseum, was purchased by Ryggen from a Swede, Tove Alm, who performed archaeological excavations in Egypt in the 1950s and 60s and collected Coptic textiles that have since found their way into museums all over Europe. Beyond this, the history of this textile fragment is unknown, but it provides a gateway into a history of a thousand years that ties Ryggen herself to a rich textile tradition, and to a long line of textile foremothers.

Mater is the common thread in the 2025 edition of the Hannah Ryggen Triennale. *Māter* is Latin for *mother*, and the root of words like *material* and *materiality*. The word *matter*, also derived from *māter*, signifies both the noun matter in the physical sense, and the verb *to matter*. As such, the theme for this year's Triennale allows for exploration of the maternal in a wider sense – not only as a gendered, biological and personal matter, but likewise as questions regarding creation in a more general capacity, relating to cultural origins and inherited traditions, as well as regarding care for our history, our fellow human beings and our surroundings. Through extensive inter-institutional collaboration, both Ryggen's point of view and that of other artists regarding the roles of mother, woman and carer, textile materiality and artistic provenance are highlighted.

The core of the Triennale: Mother's Heart

For this year's Triennale exhibition at Nordenfjeldske Kunstindustrimuseum, we are finally, following a more than four-year closure of the museum building, able to open the doors and welcome the public into Storsalen, our main exhibition space. The exhibition offers insights into some of Ryggen's anonymous foremothers, and explores the mother figure as a motif in several of Ryggen's own tapestries, including *Mors hjerte* (*Mother's Heart)* from 1947. *Mother's Heart* has inspired the visual profile of this year's Triennale, and with its plant-dyed woollen threads in variations of pinks and mossy green it also provides a framework for the Triennale. *Mother's Heart* is one of Ryggen's most personal tapestries, in which she fearlessly brings up the complexity of motherhood. It tells us about the vulnerable mother who discovers her child is unwell. Ryggen's daughter Mona suffered from epilepsy, a condition that was unknown to many people in the first half of the 20th century. The Ryggen family was therefore subject to speculations and rumours. According to Hannah Ryggen, there were those that 'couldn't give a cat' – a Swedish saying denoting indifference. Accordingly, she has included some people and a cat in the lower part of the vine motif that runs through the middle of the tapestry. On one hand, this prominent vine motif could be read as an abstract form, and on the other hand it conjures up associations to a chain – or a DNA molecule. So one might suggest that themes of origins and connections are also present in the formal aspects of the work.

For this Triennale exhibition, Ann Cathrin November Høibo was invited to create a work inspired by *Mother's Heart*. November Høibo is a multidisciplinary artist, though for the most part she uses textiles as a starting point, and she is very conscious of the weaving tradition that she employs and carries on. She mentions Hannah Ryggen as one of her most important influences, and previously created the work *Untitled (diptych)* (2017) – an abstract work that enters a dialogue with Ryggen's explicitly political work *6. oktober 1942* (1942–43) through its colour scheme. As November Høibo draws new inspiration from one of Ryggen's works, it is once again the colours that tie them together: for the first time, she will work primarily with shades of red and pink, colours that in interpretations of *Mother's Heart* are associated with bare skin and blood, which simultaneously tie us together and divide us, and also symbolise love, not least between mother and child.

Foremothers – within tradition and within the family

Connections between our contemporary artists and their textile foremothers can also be found in the work *Stjernenatt/ Koptisk hode* (Starry Night/Coptic Head) from 2012 by Tove Pedersen. The motif is inspired by a weave on a Coptic tunic from the 700s that Pedersen saw at the Louvre in Paris. The Coptic portrait is juxtaposed against a starry sky backdrop, reminiscent of Vincent van Gogh's famous *Starry Night*, painted in 1889. Throughout her career, Pedersen has been politically active and engaged in trade union work; however, this has not been evident in her textile works. Instead, she has favoured snapshots, folk art, clear colouring and an explorative expression of form and materials. But is turning to tradition not a political gesture in itself? By juxtaposing references to Coptic textiles and Vincent van Gogh in the same piece of work, Pedersen ties the weaving tradition to the Western history of painting and its masters, which have been given significantly more attention in modern art historiography; this therefore could be regarded as a revisionist work.

Trondheim artists Erlend Leirdal and Monika Mørck continue spinning the Mater theme in their works for the exhibition, with both artists following the thread back to their textile foremothers in a more personal sense. Leirdal's installation draws inspiration from his personal memories from his family's farm at Aure, Nordmøre, and the natural economy of previous generations. Much like the Ryggen family in Ørland, they relied heavily on nature, through fishing, gathering, herding and lumbering, and through the processing of nature's gifts through different types of crafts.

As pointed out by the artist, the nature, the landscapes, the tools and the working methods all melded together, and the basis of existence rested on a delicate gender balance. Tasks that tended to be gender-specific – such as woodwork and weaving – followed an ancient order in which they were cleverly woven together. The loom, a wooden construction that enables textile craftmaking, exemplifies this, and often – such was the case with Hannah Ryggen – the loom was built by the weaver's husband, both as an act of care and out of utilitarian consideration.

In her artistic practice, Monika Mørck revives and develops old handicraft traditions such as hardangersøm (pulled thread embroidery) and blackwork. The exhibition features works from her series *Samtalar* (*Conversations*) and *Dagbokbroderi* (*Diary Embroidery*), both 2021, in which embroidered textile fragments are accompanied by personal written captions. In the former series, the theme is transferring knowledge and skill in handicrafts across generations, focusing on Mørck's own family. In the latter, the captions talk about the challenges and dilemmas that artists still face when trying to combine artistic work and family life. Handicrafts and crafts are slow processes that require patience and time – in other words *care*, and Mørck illustrates the constant dilemma she faces of dividing care between her own children and her artworks.

Origin stories

The 'mother and child' motif is timeless, simultaneously universal and particular, general and deeply personal. In the history of art it has been a symbol of creation, reproduction and the continuation of life. Hannah Ryggen's first approach to this motif was within the framework of religion: one of the earliest of her known works is an exam illustration from the 1912 Malmö Seminar, depicting the Virgin and child. Religious overtones can also be found in her earliest known woven work, *Evadatter* (*Daughter of Eve*) from 1923, a modestly sized Gobelin tapestry that Ryggen brought with her when she moved to Ørland. The tapestry depicts a voluptuous woman dressed in red, with beautiful long hair flowing out into the image, surrounded by lush greenery. In literature, this work has been described as a self-portrait, and it may have been created around the time when Hannah learned she was pregnant, but its message is also of a more universal nature. The woman figure is flanked by a love heart and a butterfly, interpreted as symbols of grief and joy – thus, the work speaks of the overwhelming and conflicted emotions that are later associated with motherhood in *Mother's Heart*. Furthermore, the title of the work, the flowers and fruits surrounding the woman, as well as the golden background, supply associations to Eve in Paradise – not as sin personified, but as a fertile and reproductive woman, a fertility goddess or primal mother who, by the power of her connection to nature, is the very source of life.

The notion of a primal mother as a divine creator of life exists across different cultures. Exhibited here is the work *Alquimia Roja* created by Colombian artist Olga de Amaral in 1988. Amaral is one of many artists who in the 1970s found inspiration in folk art traditions – in her case pre-Columbian art – and enjoy increased recognition today for their contribution to promoting the culture and perspectives of indigenous peoples. Her use of gold in her 'Alchemy' series is a reference to the religious belief that the shimmering gold brings one closer to divinity, which is followed by a belief that the material and the spiritual are closely connected. Thus, she implicitly stresses that the plundering of noble materials from indigenous land is not merely a matter of material resources; extracting these materials from Mother Nature is also an attack on these cultures' ideas of their own origin stories.

Fighting women

As Ryggen became more politically aware, her depictions of motherhood also became more politically charged. This is particularly evident in *Liselotte Hermann halshuggen* (*Liselotte Hermann Beheaded*) from 1938. The tapestry is a variation of the classical Madonna and Child motif, put into a current context. Herrmann was a Jewish student, a communist, and actively worked in opposition to the brutal Nazi regime. In 1935, she was arrested and charged with treason, and her young son was taken from her. Her death sentence caused public outrage in Europe, but to no avail: Herrmann was executed in the summer of 1938. Horrified, Hannah Ryggen followed the case closely in Norwegian newspapers, and wove the tapestry portraying Herrmann with her child on her knee. In the lower right corner she is depicted again, this time in her prison cell, embracing a bundle of her son's clothes that were allegedly thrown into her cell as a response to her request to say a last goodbye. The resistance shown by Herrmann, and by Ryggen when weaving this motif, have been compared to the fighting spirit Arnulf Øverland rallied for in his poem *Du må ikke sove* (You must not sleep), which was written two years prior. One stanza reads:

I cry out in the dark – hear what I tell you!
There is now only one thing you can do:
Defend yourself, while your hands are still free!
Save your children! Europe is burning, can't you see?

Fight – for your children – while your hands are still free, the poem proclaims. The hand is a recurring motif element in Hannah Ryggen's works, as well as several works by other artists participating in the Triennale exhibition programme. The hand is a central element to these artists, as it is their most important tool – they work with their hands – but it is also present as a symbol. Its meaning may vary between different works: sometimes it expresses care, as it reaches out to a loved one. At other times, the hand is fumbling around after someone else, expressing a need to be picked up and held. In several of the works, however, the hand represents a fighting spirit – for women's rights, fair distribution of resources, and sustainable conservation of Mother Nature and all of her descendants.

Care and distance

In an analysis of Bobby Baker's performance *The Kitchen Show* (1991), art historian Griselda Pollock suggests the motif 'mother' in art must be interpreted as a *place*, a supportive framework for someone else's life. The idea of mother as a supportive framework implies a divide between the maternal role and the more complex self that any mother has, and between the maternal role and everyone else who needs to be nurtured and cared for. This dichotomy is emphasised in the word pairing Mother/Other. In the context of the Triennale, the dichotomy manifests itself in the ambivalence that lies in the role of a mother, or, by extension, the role of a creator, in several of the artworks on show. The most evident example would be Kjell Erik Killi-Olsen's very first sculpture – *Det annerledes barnet* (*The Different Child*) from 1983 – which depicts something altogether different than warmth, love and care. Here, mother and child are far from melding together into an organic and symbiotic form: Killi-Olsen's rigid and vulnerable mother holds the child at a distance from her own body, expressing an awkwardness and a sense of estrangement from her 'different child' – a sensibility that can also be felt lurking under the surface in Ryggen's *Mother's Heart*. The Triennale is intended as a space to explore the tension between care and distance, and changing narratives concerning social norms, latitude and liberation in the relationship between mothers and their children – in the widest sense.

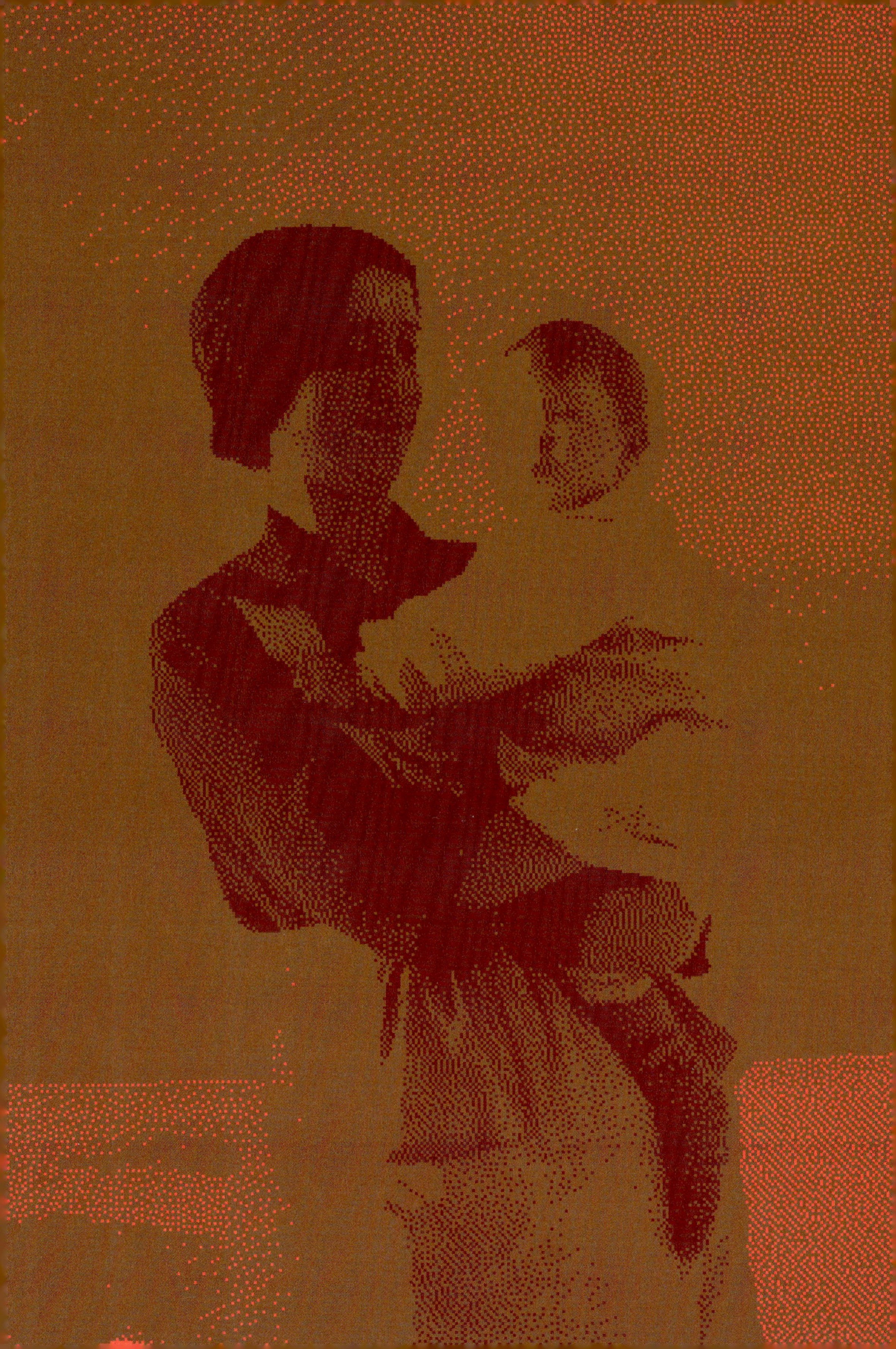

VIGDIS HJORTH
Jord og hånd, sinn og hånd / Stirred by Life, Stirred by Hand

JORD OG HÅND, SINN OG HÅND

Av Vigdis Hjorth

Et menneske med talent for billedkunst, født i 1894, en kvinne, blir lærerinne for skolegutter, tegner dystre selvportretter på si, tar kurs i maling, frihåndstegning og perspektivlære hos den kunstakademi-utdannede Fredrik Krebs ved den tekniske skolen i Lund, der møter hun og blir forlovet med en Theodor som bryter forlovelsen, på oppfordring fra Krebs drar hun på studietur til Dresden for å se malerisamlingene der, sommeren 1922.

I Dresden er mørket kadiumgrønt, varmt nattemørkegrønt, den unge Hans Ryggen inviterer Hannah og en venn på tur i Grosser Garten, en sein kveld. De trekker luften stillheten fargene livet inn med alle sanser, skriver hun, all verdens sol, liv, ild er samlet i vinen de drikker og fører dem inn i en salig over all beskrivelse lykkelig tilstand. Men man kan ikke forbli i slike uvirkelige salige minutter, parken stenges ved midnatt. De sitter noen dyrebare øyeblikk på en benk, hun er trett og lykkelig mellom to nordmenn, en mørk til venstre, en lys til høyre, de holder begge i hendene hennes, hun lurer på hvem hun skal lute sitt trette hode mot, velger den lyse. Så skrider de inn i det grønne, mellom de nattemørke trærne der ildfluene danser.

Derfra blir det Hans Ryggen i tre og tretti år, til han dør i 1956, i alle de utallige brev, notater og dagbøker Marit Paasche leste under arbeidet med boka om Hannah Ryggen, har hun ikke funnet én ufordelaktig setning om ham. Odelsgutt til en storgård på Ørlandet, men sier retten fra seg for å satse på Hannah og kunsten, overtar en liten nabogård der bygger Hans hus, Rönnan, i det blir de boende, der sår og høster de, bygger han vevstol til Hannah som sanker urter, planter, mose, bark, kvist, lyng, piss for å farge garnet hun trenger til å bruke den. Eksperimenterer og betror ikke fargingen til andre, vet siden hvor hver flekk farge i hvert teppe kommer fra, stedet hun sanket hvilken lav hvilken dag. Garnet hun koker i granlav blir appelsinfarget, hun vasker garnet og farger det rødt i krapprot og senker det i en panne med 80 grader varmt vann og ryster det og lar det ligge en time, så hun får en særlig rødfarge, koker det blir det brunt. Hele teppet farget med granskjegg før det laseres med rødt, det grønne gjør hun omvendt med. Farger i potteblått, så i granskjegg, når hun tar skjegget bort blir det også gyllent, og det er en dis over det som i de gamle mesternes tavler. Fargene ikke malt på, men ett med materialet, med stoffligheten, teppene er natur og i forandring som den, blekner og blir gjennomskinnelige av lysets prosedyre, som vi modnes og falmes av lysets, av livets prosedyre. Naturen ikke idé, men erfaring.

Omstendelige prosesser og et omstendelig liv for Hans og Hannah og datteren Mona og dyra de overlever på, høna Kakeleja og grisen Nils og kua Metta som Hannah helst ville hatt inne i stua som folk i gamle dager, den får en kalv de må selge. De har en grågås og hesten Raudmerra med føll og to sauer og flere gåseegg hun får en kalkun for å klekke ut, ligger sammen med eggene og kalkunen på loftet om natta, ni egg klekkes, de beholder to, Elna og Karna, men slakter de andre på én gang, siden har hun ikke spist gås. Det er minnet om slaktningen hun vever teppet *Vi og våre dyr* over.

Hans hugger og bygger, Hannah farger, vever og passer dyra og Mona som forguder sin far, som får et vanskelig forhold til mor, kanskje derfor? Fordi mor mentalt er et annet sted, alltid et annet sted, blikket mot verden og veven.

Det er de harde trettiåra, harde for fattige, gjeldstyngede, mens de rike blir rikere, skor seg på de fattiges elendighet med hensikt og kalde hjerter, hun vever *Fiske ved gjeldens hav*, som beskriver råskapen. I et intervju: Jeg har selv opplevd det, at de siste eggepengene mine ble hentet av Hypotekkommisjonæren. Slik *føles* det.

Alle mennesker burde ha like muligheter. Vi er bare kjøtt alle sammen.

Hun knytter seg til de radikale bevegelsene som er den viktigste motkraften mot den framvoksende nazismen og fascismen, vever sin harme, Mussolini med et afrikansk spyd gjennom hodet, arrestasjonen av den tyske fredsaktivisten Ossietzky, vever mot Hamsun, befriende konkret, avkappede hoder. Tepper som synliggjør konsekvensene av konkret politikk. Derfor vil hun ikke selge dem til private. De er anklager ment for det offentlige rom: Dette har hendt, se det og ta stilling.

Krigen kommer som hun har forutsett, drømmer dør og tyskerne ransaker Rönnan etter radiosendere, finner ingen, teppene henger på loftet, der har hun vevet hva hun mener om ransakerne, men de finner dem heldigvis ikke. Hans blir likevel senere arrestert, sendt til Falstad, så Grini, hun vever ham der, fangenummer 13943. Hun er alene med Mona, de får etter hvert et anstrengt forhold, kanskje derfor? Det er lett å forgude på avstand. Stakkars far. Tungen taler, og sannhet svarer på dommedag.

Vever samfunnsstrukturen presset ut i flaten, samfunnsmønsteret vi alle er fanget av, vever de moderne slavene under kapitalismen, arbeiderne som bare blir kalt hender, som ikke er enkeltindivider, men kroppsdeler, vever den kapitalistiske masseproduksjonens logikk, dens ratio, som ikke har andre mål enn seg selv, som ikke er bundet av naturen og derfor overskrider dens grenser, vever nyliberalismen før nyliberalismen, kjenner lusa på gangen, menneskenes grovhet og grådighet, vet hva de er i stand til, hvilke krefter som må overvinnes om verden skal bli et levelig sted, for folk flest. Å være fri er ikke mulig, alle bundet, vevet inn i samfunnsmaskineriet, familiestrukturene, samfunnsøkonomien, den kapitalistiske, hvordan håndtere det, er spørsmålet, å samle trådene, å ikke miste tråden eller troa på at verden kan bli et bedre sted.

Veveren, veversken bundet til samfunnet og vevens loddrette renning som skulptøren av steinblokken, i det ligger vevteknikkens begrensning, den krever forenkling. Den går hun med på, den forstår hun å utnytte, i det ligger genialiteten.

Hun fikk i sin tid et oppdrag for min barndoms kjære kirke på Bakkehaugen, det visste jeg ikke før jeg leste Marit Paasches *En fri*. Det ble ikke noe av, dessverre, men hun skriver før hun vet det, at når hun tenker på kirken og menigheten, tenker på meg på en måte, tenker jeg, blir hun varm om hjertet, det varmer mitt.

Hun vever mot Atlanterhavspakten, mot NATO før hun visste at organisasjonen skulle utvide seg mot øst etter Sovjetunionens fall, tirre den sovende bjørnen, det ville hun ikke likt, er jeg sikker på, den på alle måter radikale kvinnen. Vevet den på alle måter radikale Picasso inn i et teppe, han hun er i slekt med, som hun stilte ut sammen med i Paris allerede i 1937, sammen med hans legendariske *Guernica*, i samme liga som ham, uttrykte som ham det som lå henne på hjertet og sinnet på en trollaktig måte, jord og ånd, hånd i hånd. For den som har øyne og ører eier hele verden, for alt du ser og hører er ditt eget. Å skrive om seg selv, skrev hun, er som å se det store havet komme imot seg fullt av armer, ører for å gripe en. Det er bare å hoppe i.

Hun hoppet i. Det er vakkert her, skriver hun, om hun bare eide den freden i hjertet som et menneske må ha for å trives, men den har hun ikke. Sånn er den jordiske tilværelsen. Mannen, kvinnen og barnet møttes på stjernen Jorden, en blant trillioner andre stjerner. Hvorfor vet ingen. Hvor de kommer fra, vet ingen. At de er der sammen, vet de.

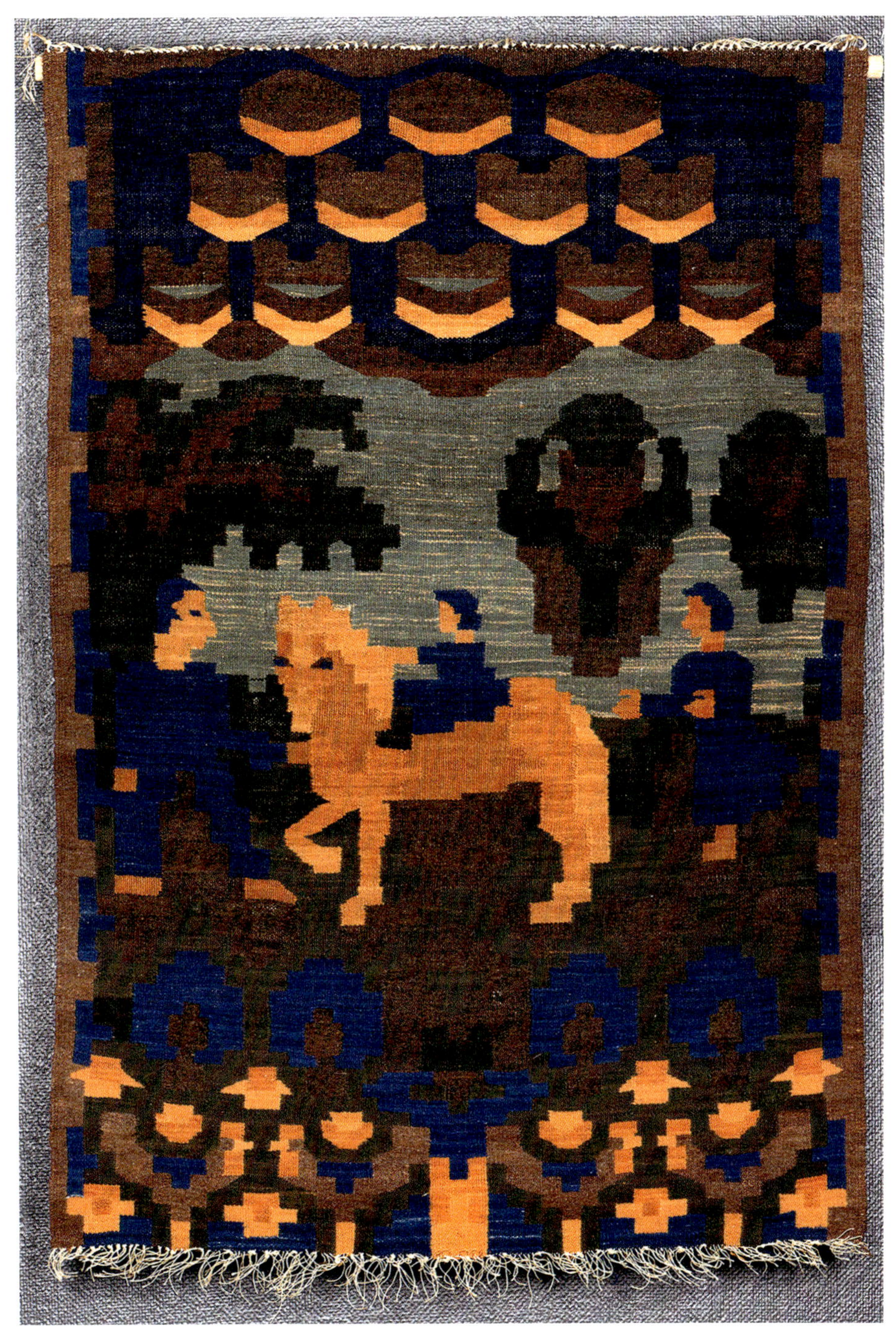

Hannah Ryggen, *Vi og Raudmerra* (*We and Raudmerra*), ca. 1930. Wool, linen, 109×76 cm. Nordenfjeldske Kunstindustrimuseum.

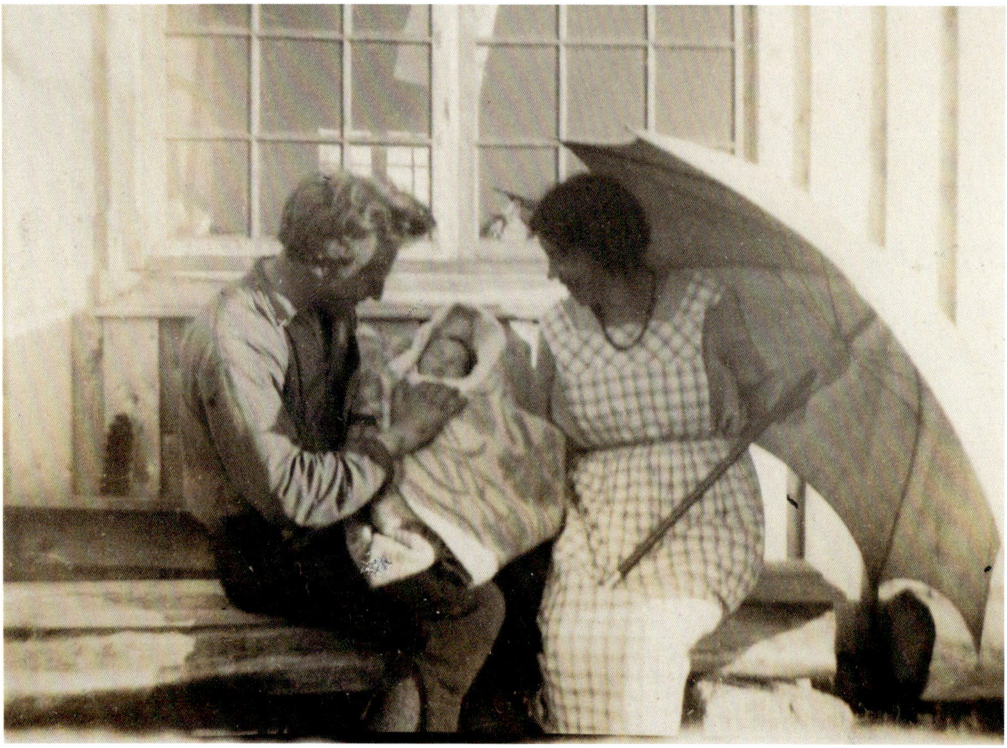

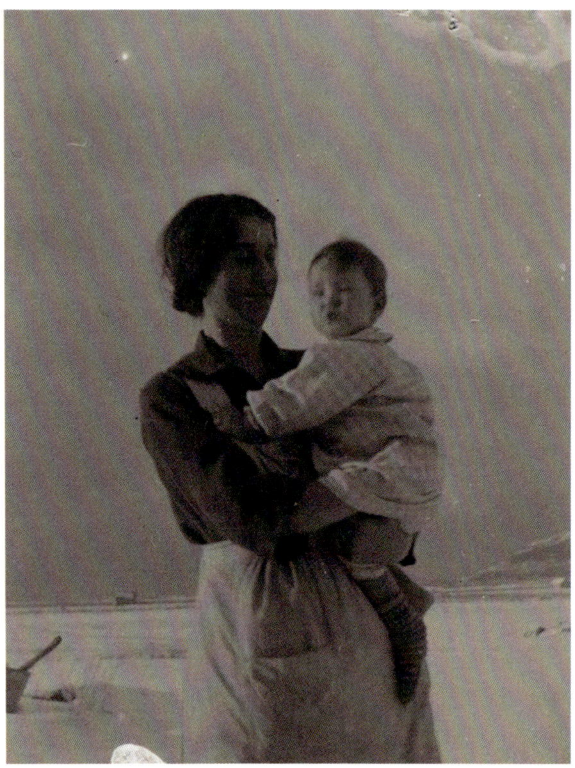

Above
Hannah and Hans Ryggen with their newborn daughter Mona, 1924.

Below
Hannah Ryggen and her daugther Mona, 1924–25.

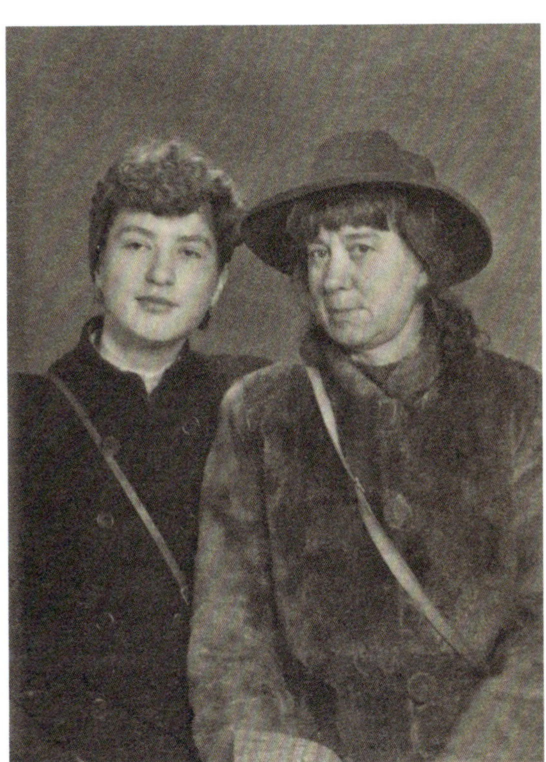

Above
Hannah Ryggen and her daugther Mona, 1940–50s.

Below
The Ryggen family at Ørlandet, 1930s.

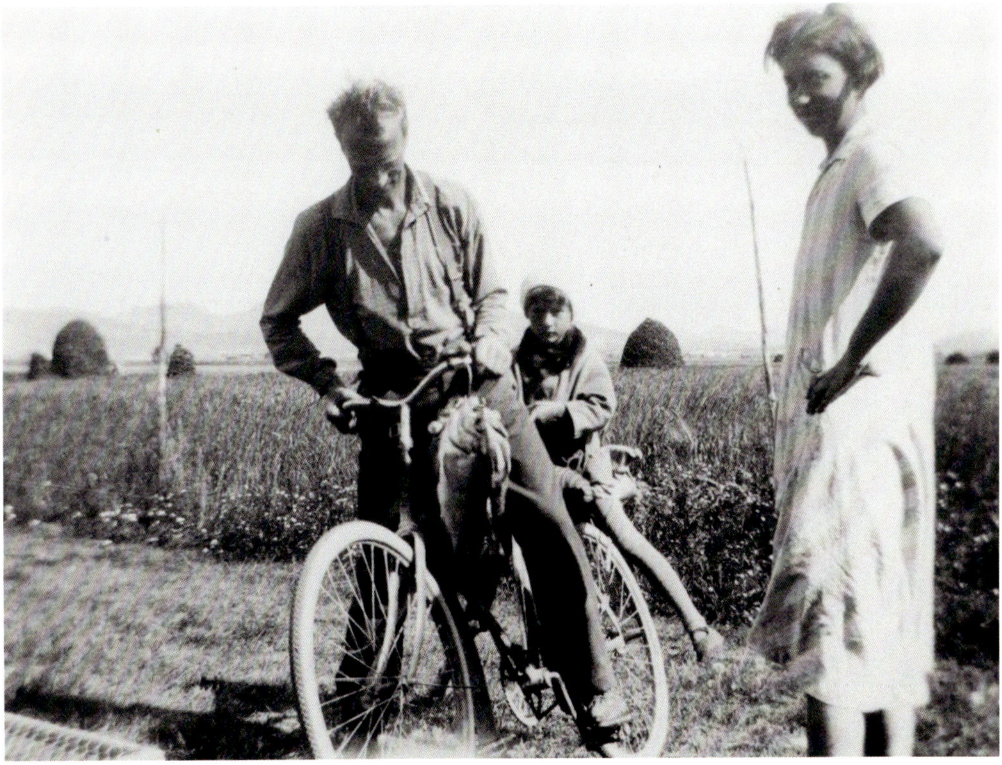

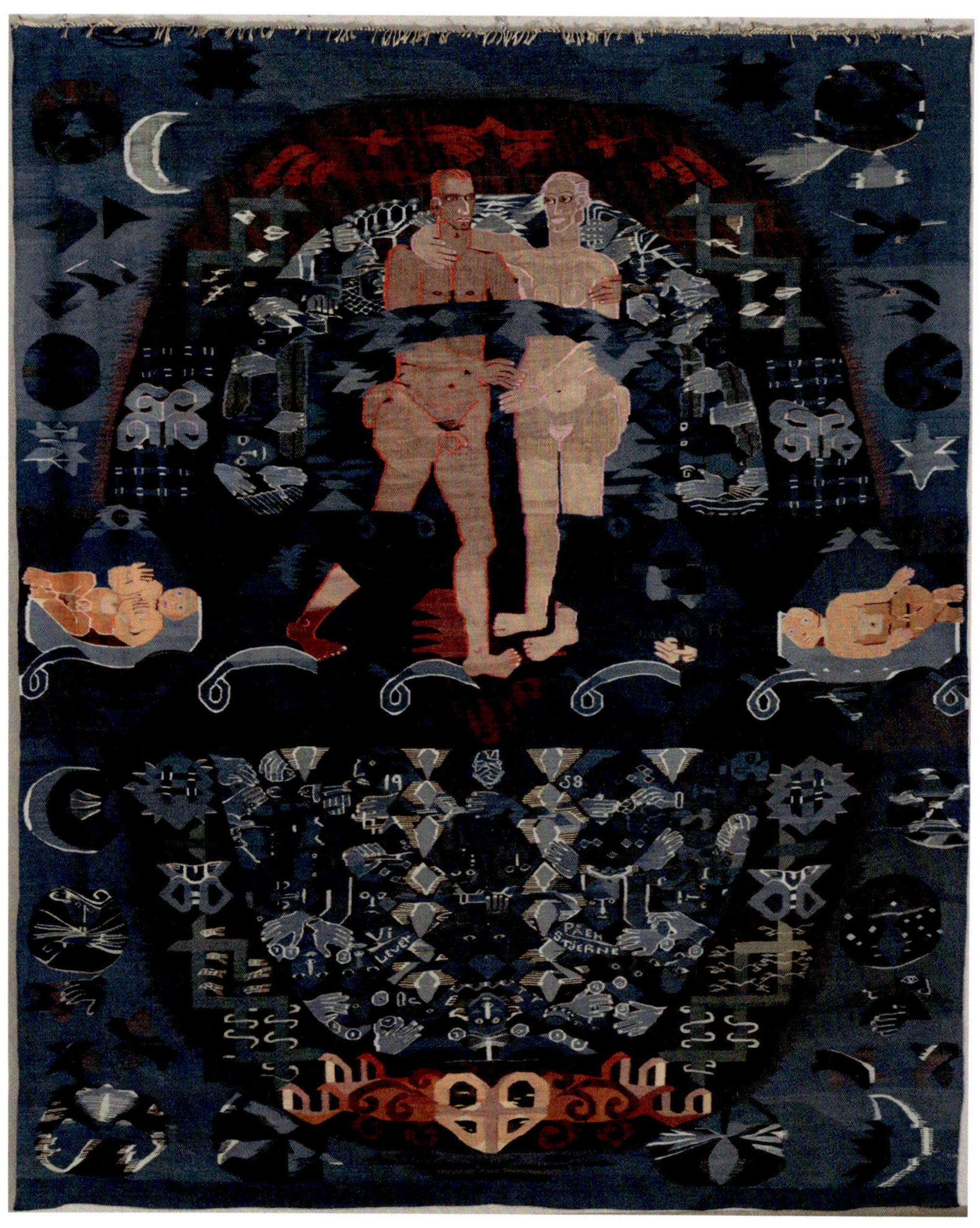

Hannah Ryggen, *Vi lever på en stjerne* (*We Are Living on a Star*), 1958. Wool, linen, 402×314 cm. Statsbygg.

STIRRED BY LIFE, STIRRED BY HAND

By Vigdis Hjorth, Norwegian novelist

A person gifted with a talent for the visual arts, born in 1894, a woman, becomes a teacher to schoolboys, draws sombre self-portraits on the side, takes courses in painting, freehand drawing and perspective theory taught by Art Academy alumnus Fredrik Krebs at the Lund Faculty of Engineering, where she meets and gets engaged to a man named Theodor, who then breaks off the engagement, encouraged by Krebs she goes on a study trip to Dresden to see the collections of paintings there, in the summer of 1922.

In Dresden, the dark is cadmium green, warm night dark green, a young Hans Ryggen invites Hannah and a friend for a stroll in the Grosser Garten late one evening. They take in the air the silence the colours life with all their senses, she writes, all the sun, life, fire in the world come together in the wine they drink and carry them into a blissful indescribable happy state. Although such unreal blissful minutes cannot last for ever, the park closes at midnight. They spend a few precious moments on a bench, she sits tired and content between two Norwegian men, a dark-haired one on the left, a light-haired one on the right, both holding her hands, she wonders on whose shoulder she should rest her weary head, chooses the light-haired one. Then they wander into the greenery, the darkness of night amongst the trees where the fireflies dance.

From then on, it is Hans Ryggen for thirty-three years, until he dies in 1956, in all the numerous letters, notes and diaries Marit Paasche read during her research for the book about Hannah Ryggen, she has not found one single unfavourable mention of him. The heir to a large farm at Ørlandet, he renounces his rights in order to invest fully in Hannah and the art, takes over a smaller neighbouring farm where Hans builds a house, Rönnan, where they stay, sow and reap, he builds a loom for Hannah, who gathers herbs, plants, moss, bark, twigs, heather, piss for dyeing the yarn she needs in order to use it. She experiments, trusts nobody else with the dyeing process, knows where every stain colour in every tapestry came from, the place she gathered which lichen which day. The yarn she boils with sunshine lichen takes on an orange colour, she rinses it and dyes it red with madder root and lowers it into a vat of water kept at a constant 80 degrees Celsius and agitates it and leaves it for an hour, until she gets a particular shade of red, if it boils it turns brown. The entire tapestry is dyed with sunshine lichen before it is laced with red, with the green she does the opposite. She dyes with pot blue, then witch's hair lichen, when she removes the lichen it turns golden, taking on a haze as in the paintings of the old masters. The colours are not painted on, they are one with the fabric, the materiality, the tapestries are nature and like it in constant flux, bleaching and turning translucent from the process of light, as we mature and fade by the process of light, of life. Nature is not a notion, but experience.

Laborious processes and a laborious life for Hans and Hannah and their daughter Mona and the animals they live off, Kakeleja the chicken and Nils the pig and Metta the cow, whom Hannah would have preferred to keep in their living room as people did in the olden days, she births a calf that they have to sell. They have a greylag goose and Raudmerra the horse and her foal and two sheep and several goose eggs that she gets a turkey to hatch, lies there with the eggs and the turkey in the attic through the night, nine eggs are hatched of which they keep two, Elna and Karna, but slaughter the others straight away, she has not eaten goose since. It is this memory of the slaughter she weaves into the tapestry *We and Our Animals*.

Hans chops and builds, Hannah dyes, weaves and looks after the animals and Mona, who worships her father, who develops a strained relationship with her mother, perhaps this is why? Because mother is not mentally present, always somewhere else, her gaze fixed on the world and the weave.

The Great Depression is hard, hard for the poor and debt-ridden, while the rich become richer, enriching themselves on the misfortune of the poor with intent and cold hearts, she weaves *Fishing in the Sea of Debt*, which describes the brutality. In an interview: I have experienced it myself, having my last egg money collected by the commission agent. That is how it *feels*.

All people should have equal opportunities. We are all just flesh.

She gets involved with the radical movements that are the primary resistance against the emerging Nazism and Fascism, weaves her wrath, Mussolini with an African spear through his head, the arrest of German peace activist Ossietzky, weaves against Hamsun, liberatingly concrete, severed heads. Tapestries that make visible the consequences of concrete politics. For that reason, she refuses to sell to private buyers. These are accusations intended for public display: These things happened, take a look, and take a stance.

The war breaks out as she has predicted, dreams die and the Germans ransack Rönnan for radio transmitters, find none, the tapestries are in the attic, she has woven how she feels about the ransackers, but luckily they do not find them. Hans, however, is later arrested, sent to the concentration camp at Falstad, then Grini, she weaves him there, prisoner number 13943. She is alone with Mona, over time they develop a strained relationship, perhaps this is why? Worshipping is easy from afar. Poor father. The tongue speaks, and the truth will give an answer on Judgement Day.

She weaves the structure of society stretched out on a plain, the pattern we are all ensnared by, she weaves the modern slaves of capitalism, the workers who are only referred to as hands, who are not individuals but body parts, she weaves the logic of capitalist mass production, its ratio, which is only measured against itself, which is not bound by nature and therefore breaches its limits, she weaves neo-liberalism before neo-liberalism, knows what to expect, the coarseness and greed of human beings, knows what they are capable of, which forces must be defeated for the world to become an inhabitable place, for most people. Being free is impossible, everyone is bound, woven into the societal machinery, family structures, the economy, the capitalist one, how to handle it is the question, pick up the threads, not lose the thread or the belief that the world can be a better place.

The weaver, bound to society and to the vertical warp of the weave as the sculptor is bound to the stone, therein lies the restriction of the weaving technique, it must be simplified. She is at peace with this, understands how to utilise it, therein lies the ingenuity.

At one point, she was commissioned to do some work for my beloved childhood church at Bakkehaugen, I did not know about this until I read Marit Paasche's *En fri*. Sadly, this never came to fruition, but before she knows this, she writes that when she thinks of the church and its congregation, thinks of me in a way, I am thinking, it warms her heart, and that warms mine.

She weaves against the Atlantic Charter, against NATO before she knew the organisation would expand east in the post-Soviet era, poke the sleeping bear, she would not have approved, I am quite certain, this through and through radical woman. She wove the through and through radical Picasso into a tapestry, him who is her kin, with whom she exhibited in Paris way back in 1937, alongside his legendary *Guernica*, in his league, expressed, like him, what was in her heart, on her mind, in a devilish way, earth and spirit, hand in hand. Because he who has eyes and ears owns the entire world, as all you see and hear belongs to you. Writing about oneself, she wrote, is like seeing the vast ocean come towards you, full of arms and ears with which to grab you. All you can do is jump in.

She jumped in. It is beautiful here, she writes, if only she possessed the peace in her heart that a human being needs to thrive, but she does not. Such is life on Earth. The man, the woman and the child met on the star called Earth, one among trillions of other stars. Why, nobody knows. Where they came from, nobody knows. But they do know they are there together.

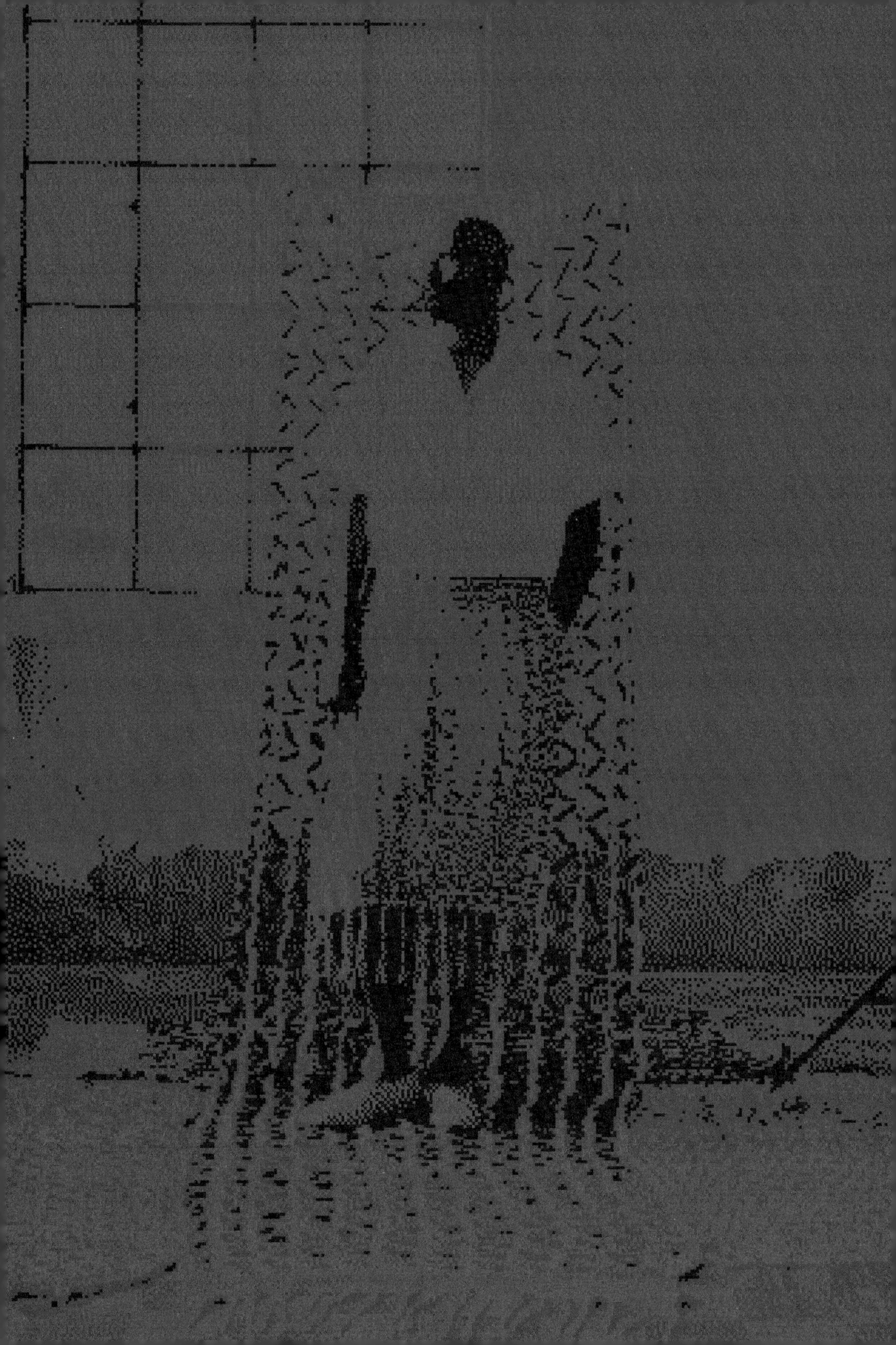

Trøndelag senter
for samtidskunst

DAMIEN AJAVON
Resilient Threads

05.04
/ 18.05

BORTE BRA, VED VEVEN BEST

Damien Ajavon i samtale med Carl Martin Rosenkilde Faurby, daglig leder ved Trøndelag senter for samtidskunst

Damien Ajavon ble født i Paris som barn av en senegalesisk mor og togolesisk far, men bor for tiden i Norge, dels på Søndre Green – bondegård og senter for tekstilkunst i Noresund under ledelse av kunstner Kristin Lindberg – og dels i Skien, som mottaker av kommunens kunstnerstipend 2024/25.

Ajavons kunstneriske praksis er blitt formet av mye reising gjennom arbeid i moteindustrien og i forskjellige håndverksstudioer, noe som har ført den ambisiøse kunstneren over hele verden og nærmere familiens røtter i Vest-Afrika. Ajavon vokste opp med sin mors historier om magi som kan beskytte folk eller sette dem i fare. Ennå i dag spiller overtro en stor rolle i Damiens nomadiske liv: «Jeg svømmer aldri i havet i skumringen. Onde ånder kan ta seg inn i kroppen din i løpet av de timene mellom dag og natt.»

Mens vi prater, utveksler Damien innimellom noen setninger på fransk med moren sin, som er kommet på besøk til Søndre Green fra Paris. «Hvordan var Damien som barn?», spør jeg henne. «Et godhjertet barn. Alltid hjelpsom. Han lekte alltid med vennene sine. Men han var lat. Litt bortskjemt», ler hun. «Han gikk ofte på museum eller fjelltur med lillesøsteren sin.»

«Hva slags tiåring tar med søsknene sine på museum?», spør jeg. «Jeg vokste opp rett bak Pompidou-senteret i Paris. Faren min tok oss ofte med dit. Jeg trivdes godt der, selv om jeg ikke forsto så mye av det. Jeg likte Keith Harings arbeider best. Og Niki de Saint Phalles vannfontene [Niki de Saint Phalle og Jean Tinguely, *La Fountaine Stràvinsky*, 1983] utenfor muséet. Søsteren min og jeg pleide ofte å leke i vannet der.»

Ville du bli kunstner da du var liten?

Nei, jeg ville bli komiker – i fransk forstand; altså mer som en teatralsk figur i *Misantropen*, ikke standup-komiker. Moren min var særdeles lite begeistret for tanken. Hun visste hvor utrolig vanskelig det er å tjene til livets opphold som kunstner – enten det er som skuespiller eller noe annet. Hun var klassisk pianist...

Men du endte likevel opp som kunstner...

Jeg antar at det bare måtte bli sånn, men jeg ser meg selv mer som en *kunsthåndverker*. Det er en viktig distinksjon for meg, for jeg føler en tilhørighet til samfunnet som tok meg inn og formet meg, men også med tanke på den typen arbeider jeg lager. Arbeidene mine handler alltid om materialene jeg har rundt meg, tekstilkunstens kulturelle historie, koblingen den har til mine kulturelle røtter og at det er med det langsomme arbeidet ved veven at jeg føler meg mest som hjemme.

Jeg drømmer om å bygge et felleskap gjennom kunsthåndverket og hedre mesterne jeg har lært av og som tok meg under sine vinger. Jeg har reist mye, men de mest meningsfylte opplevelsene har vært å besøke håndverkskollektiver og -felleskaper. Det er interessant, for helt siden jeg var liten har jeg vært del av et kvinnesamfunn.

Søstre, mødre og bestemødre har alltid skapt et fellesskap som har gitt meg beskyttelse og omsorg.

Så det har alltid vært en nær forbindelse mellom håndverk og beskyttelse for min del. Både med tanke på hvor mange av håndverksamfunnene jeg har vært del av som har vært preget av kvinnelig arv og tilstedeværelse, men også fordi essensen i tekstilproduksjon handler om å beskytte kroppen. Tekstiler er beskyttende lag vi svøper om kroppen og det vi holder kjært.

Den senegalesiske manjak-vevetradisjonen kjennetegnes ikke bare av den intrikate teknikken, men også den seremonielle bruken av disse tekstilene. Tekstilene blir velsignet, deretter gitt som gaver ved bryllup eller andre viktige milepæler. Jeg husker at da jeg flyttet hjemmefra som en ung mann, gikk moren min inn på rommet sitt mens jeg pakket sakene mine. Hun kom tilbake med et manjak-klede. «Jeg fikk dette da jeg forlot Senegal», sa hun. «Jeg gikk gravid med deg, og moren min ga meg det med en velsignelse, for å beskytte oss.» Hun rev av et stykke og ga det til meg. Jeg bærer det fremdeles med meg, og kommer til å gi det til mine egne barn en dag. Dette tøystykket, historien bak og hva det representerer, har fått stor betydning for hvordan jeg arbeider og forstår håndverket.

Kan du fortelle litt mer om din forkjærlighet for tekstilkunst?

Tekstiler ble en del av livet mitt da jeg var rundt 18 og måtte skaffe meg en inntekt, for moren min tok seg av oss helt på egen hånd. Jeg begynte å jobbe i klesbutikker, og etter hvert i finere boutiquer. Blant annet jobbet jeg på visningsrom hos Balenciaga. Men jeg var ikke nødvendigvis så interessert i mote. Det var materialene som fascinerte meg, og jeg ble stadig mer interessert i hvordan de ble produsert, kulturen og tradisjonene som lå bak.

Under masterstudiet mitt ved Kunsthøgskolen i Oslo ble jeg invitert til å vise et verk på Dakar-biennalen. Verket laget jeg i samarbeid med senegalesiske manjak-vevere. Opplevelsen ble en vekker for meg, delvis fordi jeg fikk muligheten til å jobbe med noen av håndverkets fremste utøvere, men jeg måtte også konfrontere min antatte identitet som en diasporisk europeer som ville appropriere lokale teknikker. Jeg innså nå at mitt nomadiske og diasporiske liv hadde ført til at jeg følte på en slags hjemløshet. At jeg i tillegg var ikke-binær, forsterket denne følelsen. Det er derfor vevstolen har blitt et så viktig element i arbeidet mitt. Det er den som gjør at jeg kan føle meg hjemme hvor enn jeg er. Den fungerer som et slags anker. Så når jeg er ute og reiser, finner jeg alltid en vevstol, hvis ikke bygger jeg en selv. Å lage en vevstol krever ikke så mye; bare litt trevirke, og det kan man få tak i hvor enn man måtte befinne seg. Men som regel er det noen innen det fantastiske, sammensveisede veversamfunnet som kan hjelpe meg med å finne en vevstol, uansett hvor. Dette er en av grunnene til at håndverkersamfunnet er så spesielt. Vi hjelper hverandre, og gjennom arbeidet vårt kan vi støtte hverandre, dele kunnskap og bygge fellesskap.

Det var mens jeg bodde i Oslo at jeg virkelig begynte å forstå sammenhengen mellom tekstil og kulturell identitet. Jeg fordypet meg i studier av ulike vevteknikker, utforsket hvordan ulike kulturer gjennomsyret tekstiler og klær med kulturarven sin. Det ga meg en dypere forståelse av symbolismen som ligger i tekstilkunst.

Jeg fant ut at å sitte ved veven ble som en meditativ prosess som bandt den nomadiske livsstilen min sammen med en søken etter tilhørighet. Hver eneste tråd i veven symboliserte styrke, en anerkjennelse av tradisjonene til mine forgjengere og et steg på veien mot å forme min egen nisje.

Dette følte jeg ekstra sterkt i utstillingen jeg laget da jeg var nominert til Sparebankstiftelsen DNBs kunststipend i 2023. Som nomade og en diasporisk skeiv person opplever jeg til stadighet at jeg må kjempe for å ta plass og generere ny drivkraft fra livet mitt uansett hvor jeg er.

Derfor ønsket jeg å skape et rom der man føler seg velkommen, beskyttet og velsignet.

Utstillingen tok form av en rund konstruksjon, et tilfluktsrom av trevirke og tekstiler, og alt ble laget med gjenbruksmaterialer fra gården på Søndre Green, der jeg bodde. Mønsteret på gardinene var inspirert av et vakkert rom i etasjen under utstillingslokalet, der jeg fant et 1700-tallstapet med blomster og blader som nesten så ut som de beveget seg. Jeg valgte å gjøre om bladene i mønsteret til hamsahender, et beskyttende symbol, og velsigne det etter manjak-tradisjonen. Den beskyttende hamsahånden verner etter sigende folk fra onde krefter eller det onde øyet ved å fange opp forbannelser og beskytte dem. Dersom en hamsahånd faller eller forsvinner, betyr det at den oppfylte sin plikt og fanget en forbannelse som var rettet mot deg. Jeg laget også noen mindre tepper jeg kalte «tilfluktssteder», som en refleksjon over migranter og immigranter som må bygge livene sine på nytt ved å skape nye historier og verdener, ofte under provisoriske omstendigheter.

Jeg har lagt merke til at portretter er noe som går igjen i arbeidene dine.

Ja. Mens jeg var i Senegal, la jeg merke til at det knapt fantes slektsarkiver eller dokumentasjon om tradisjonelle vevere og arbeidene deres. Jeg prøvde å gjøre research rundt dette, men det ble et tålmodighetsarbeid med mange uavsluttede samtaler og ubesvarte e-poster, og jeg ble ofte sendt fra person til person uten å få noen egentlige svar. Så jeg bestemte meg for at alle mine fremtidige kunstverker skulle følges av et lite minnesmerke i form av et selvportrett, ofte med et humoristisk tilsnitt. I arbeidet jeg laget til Sparebankstiftelsen DNBs stipendutstilling avbildet jeg meg selv i klær med samme tekstiltrykk som installasjonen min. Inspirasjonen hentet jeg fra portretter av overklassekvinner fra Wien på slutten av 1800-tallet som bestilte forseggjorte tapeter og tekstiler til hjemmene sine og til og med fikk laget matchende kjoler.

Til avgangsutstillingen min ved Kunsthøgskolen i Oslo lagde jeg en vevstol og dokumenterte hele prosessen. I portrettelementet av arbeidet bestemte jeg meg for å kle meg i den tradisjonelle drakten norske veversker bar. Bildene ble tatt utendørs for å vise omgivelsene der jeg var, inspirert av manjak-veving, som vanligvis gjøres utendørs. Gjennom dette prosjektet kunne jeg fremheve ulike kulturarver ved å kle meg som en norsk kvinne, siden det vanligvis var kvinner som vevde i Norge. Det var et uttrykk for at håndverk er kjønnsløst. Tittelen på verket, *Black Craft Matter*, understreket

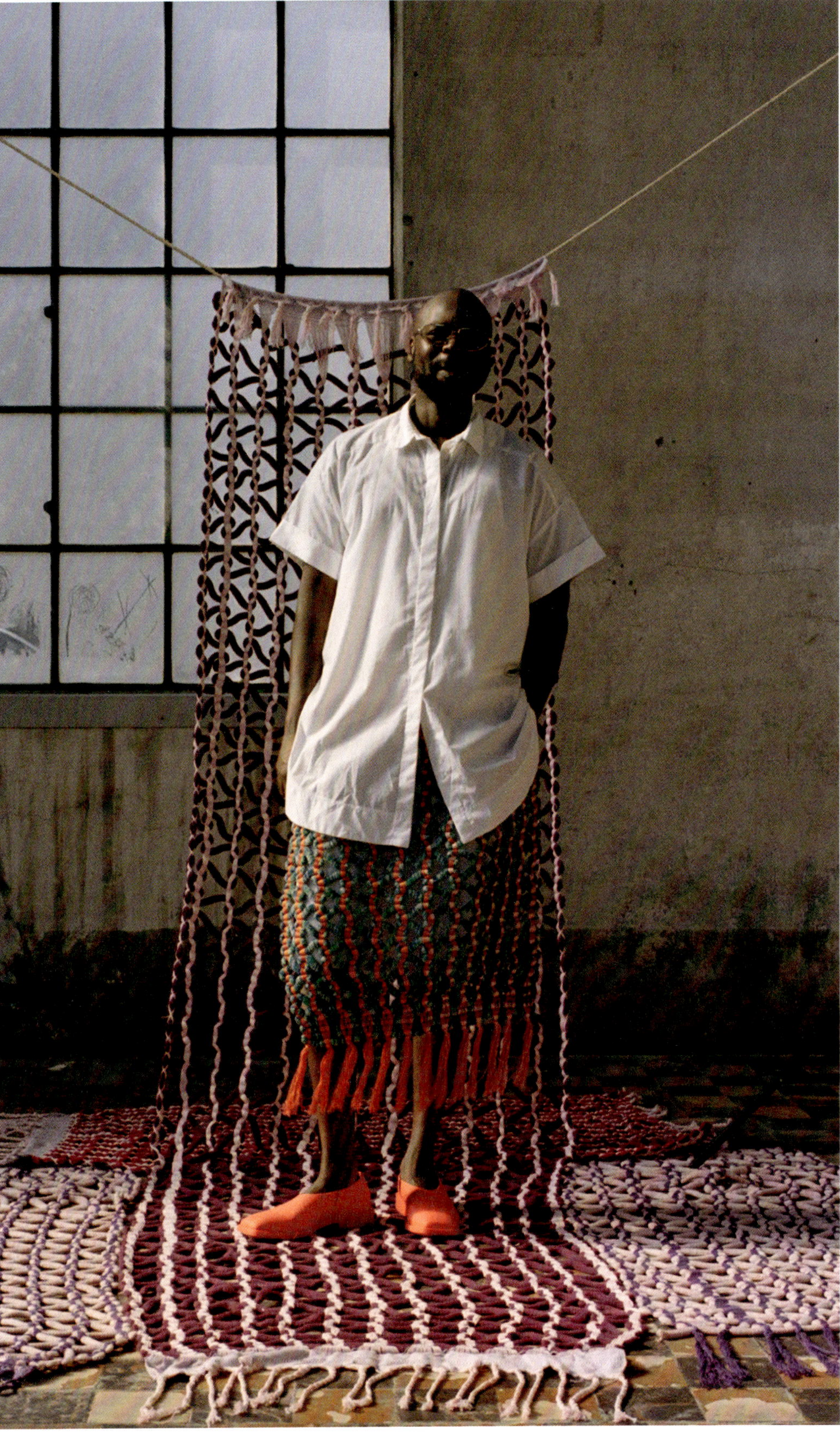

at afrikansk håndverk, veving især, var i ferd med å forsvinne, og hvor viktig det er å ivareta denne kunnskapen.

Prosjektet handlet på en måte om å forstå min egen identitet og livsoppgave. Til grunn la jeg research der jeg hadde utforsket sammenhenger mellom å være svart, skeiv og håndverker. Hvordan jeg kunne finne tilbake til røttene mine ved å lære å veve ut fra tøystykket moren min ga meg og lage beskyttende tekstiler. Derfor dro jeg tilbake til Saint Louis i Senegal og ble lærling under mestervever Assane Diop, som lærte meg tradisjonelle vevteknikker. I Senegal er det primært menn som vever, da vevstolen er veldig tung. Men kvinner tar seg av de siste detaljene, som sying og pakking. Det kom også til å handle om avkolonisering, siden manjak-veving har forblitt unikt for Afrika og ikke blitt appropriert av kolonistene. Manjak-veving er en av de få tradisjonene som har blitt værende på det afrikanske kontinentet, særlig i Vest-Afrika. Men den er i fare. Vevere tjener ikke mye og blir sett ned på i det sosiokulturelle hierarkiet. Dette er tydelig i Senegal, og det kreves en innsats for å ta vare på denne arven.

Jeg er heldig som også har hatt muligheten til å bruke avansert vevteknologi som har gjort det mulig for meg å fange et øyeblikk på en veldig presis måte gjennom veven. Jeg bestemte meg for å lage portrettene av meg selv kledd som en norsk veverske i jacquardvev, slik at jeg kunne inkorporere dokumentasjonsaspektet i selve produksjonsprosessen. En jacquardvevstol bruker svært avansert teknologi der hver piksel av et bilde blir en tråd og gjør det mulig å veve meget detaljerte bilder i tekstil. Denne presisjonen gjør at bildet i tekstilen blir like detaljert som et fotografi. Hullkortene som brukes i slike vevstoler brukes mye i moderne klesproduksjon, da de gjør produksjonen raskere og mer kostnadseffektiv, tross den høye innkjøpsprisen for maskinen.

Jacquardprosessen går ut på å oversette fotografiske bilder til trådstrukturer heller enn helt enkelt å trykke dem. En jacquardvevstol må i motsetning til en tekstilprinter prepareres tråd for tråd og kontrolleres til stadighet. Å konvertere hver piksel til en vevd struktur tar flere timer med programmering. Det er en krevende prosess som ofte blir undervurdert.

Det var interessant for meg å se de sterke følelsesmessige reaksjonene, hos nordmenn spesielt, når de ser portrettene i egen person. Den materielle teksturen i bildet påvirker folk på en måte et fotografi ikke kunne gjort.

Målet er å lage et slags moderne arkiv av disse tekstilene og avkolonisere tradisjonen med dokumenteringsarbeid ved at håndverkeren dokumenterer seg selv gjennom sitt eget håndverk.

En av de første utstillingene jeg ble invitert til i Norge, var ved Fotogalleriet i Oslo. Jeg stilte ut mesteparten av arbeidene jeg laget i løpet av studiene mine i Canada. Utstillingen het «Ta plass» og hadde fokus på å skape et tryggere miljø for skeive svarte personer. De andre utstillende kunstnerne var Chai Saeidi og Ahmed Umar. Vi utformet lokalet slik at besøkende skulle føle seg omringet av forskjellige skeive individer og kunstverk, for å skape en følelse av tilhørighet, og forvandlet galleriet til et trygt og innbydende rom der de besøkende kunne føle at noen ville dem vel.

Selv om kunstverkene mine ikke var laget spesielt for denne anledningen, endte de opp med å sammenfalle med visjonen jeg hadde for utstillingen, for de utforsket dialoger mellom ulike materialer og generasjoner. Et av verkene er et portrett av meg og min formor som diskuterer den kreative prosessen min og ambisjonene mine. Som en kunstner som er BIPOC[1] og skeiv, slet jeg med å finne rollemodeller og kunstnere jeg virkelig var på samme bølgelengde med, så dette bildet av min formor og meg er også et forsøk på å skape fellesskap og kulturelle bånd på tvers av historie og generasjoner, på tross av at mennesker som meg har blitt ekskludert fra kolonial historieskriving.

Jeg vokste opp i Vesten og studerte kunst, og kunsthistorien handlet hovedsakelig om hvit kunst og hvite kunstnere. Læreplanen lærte meg ikke noe om tradisjonelt afrikansk håndverk eller om kunstverk som ble stjålet og i disse dager blir tilbakeført. Arbeidet som har blitt gjort og gjøres nå, åpner for bedre samtaler og refleksjoner rundt veving som et uttrykk for hva svarte mennesker har blitt utsatt for. Særlig bomull, som er blitt et symbolsk materiale for afrikanske slaver i Amerika. Denne forståelsen fikk jeg først på et senere tidspunkt, så jeg måtte utvikle min egen kreative prosess med mine egne rollemodeller.

Formoren min som jeg har avbildet er Ndate Yalla Mbodj, som har blitt en stor inspirasjon for meg. Familien min kom fra en kongelig ætt som mistet alt på grunn av koloniseringen.

Ndate Yalla Mbodj var den siste dronningen i landsbyen sin, og hun sto imot både arabiske krigere og franskmennene. Hun ofret alt for å forhindre at folket hennes ble slaver. Hun står for sanne motstandshandlinger, og å få kjennskap til historien hennes ble et vendepunkt for meg. Den viljen hun hadde til å ofre seg selv for å skape en bedre verden der folk ikke er en hvit herres eiendom, ga gjenklang hos meg. Jeg ble besatt av å lære mer om henne, spørre og finne svar. Denne reisen pågår fortsatt, og jeg er glad for å ha funnet flere bøker om henne. Jeg kjenner ikke alle detaljer ennå; jeg finner stadig ut mer, og moren min deler fremdeles historier med meg.

Det vevde portrettet jeg stilte ut ved Fotogalleriet, er basert på et portrett av Ndate fra et kolonialt arkiv, men jeg gjenskapte det som mitt eget. Jeg lagde det med jacquardvev, men for hånd – ikke maskinelt. Derfor er dette verket svært dyrebart for meg, og sannsynligvis mitt favorittverk.

Jeg legger merke til at du har brukt en slags blondeteknikk, noe jeg kjenner igjen fra flere av utstillingene dine…

Teknikken heter spanske blonder, og det var populært blant kvinner på 80- og 90-tallet å etterligne blonder i vev. Å lage faktiske blonder krever enormt med både tid og ferdigheter. Jeg valgte å kombinere to av mine yndlingsteknikker: veving og strikking. Målet var å fange bevegelsen i vannet og skape en tredimensjonal effekt på en plan overflate ved å inkorporere strikking i veven, noe som gir garnet tekstur og fylde. Resultatet er mønster som ligner vann. Spanske blonder har blitt et signaturelement for meg. I de fleste utstillingene jeg deltar i, er det med et verk der jeg har brukt denne teknikken. Den har blitt et kjennetegn for kunsten min.

1 Amerikansk begrep, forkortelse for Black, Indigenous, People of Color («Svarte, urfolk, fargede personer»).

Ut fra alt du har fortalt meg, er det ett verk som binder alle disse elementene sammen – den stedbundne/-spesifikke vevstolen, manjak-tradisjonen, tilfluktsrommet, de historiske referansene og blonde-teknikken – nemlig verket du stilte ut i en gruppeutstilling ved Nitja senter for samtidskunst i Lillestrøm. Det er en vevstol som ser ut som den er nærmest ankret fast i gulvet.

Ja, det er en vevstol, nærmere bestemt en manjak-vevstol, der renningen må festes til en stein eller lignende for å få den rette spenningen man trenger for å veve. Verket var et samarbeidsprosjekt med kunstneren Kevin Kurang, som er halvt gambisk og halvt norsk. Jeg farget garnet selv i Saint Louis i Senegal, der bomullen kommer fra. Tanken var å lage en manjak-vevstol av norske bjørketrær. Jeg ba Kevin bygge vevstolen basert på min historie, som handler om å finne tilbake til røttene mine og lære manjak-veving. Faren til Kevin var en *griot*, en tradisjonell skald eller historieforteller, og selv om Kevin vokste opp i Norge og mistet faren sin tidlig, ga dette prosjektet ham muligheten til å utforske sin egen arv også.

Kevin bygde et verktøy som lot meg veve et nytt narrativ. Vevstolen kan brukes på to måter: den kan lukkes rundt veveren, slik at man er omgitt av materialene og kan fokusere på vevingen, eller den kan være åpen slik at man ser omgivelsene rundt. I midten er det en tradisjonell artefakt man ofte ser på vestafrikanske vevstoler. Det er en antikvitet jeg fant i Saint Louis: en menneskefigur, hode og overkropp, som fungerer som et kontrollsystem for å balansere bevegelse i veven.

Akkurat nå holder du fremdeles på med forberedelsene til utstillingen ved Trøndelag senter for samtidskunst i forbindelse med Hannah Ryggen-triennalen. Kan du fortelle litt om hva du jobber med til utstillingen?

Det blir en skulptur i tekstil som fremhever den hellige vevkunsten. Den skal lages av broderte manjak-bånd laget av manjak-håndverkere. Jeg ønsker at verket skal demonstrere vestafrikanske håndverkeres autonomi og belyse behovet for kulturell bevaring og respekt for disse eldgamle tradisjonene og for den tradisjonsbårne kunnskapens betydning.

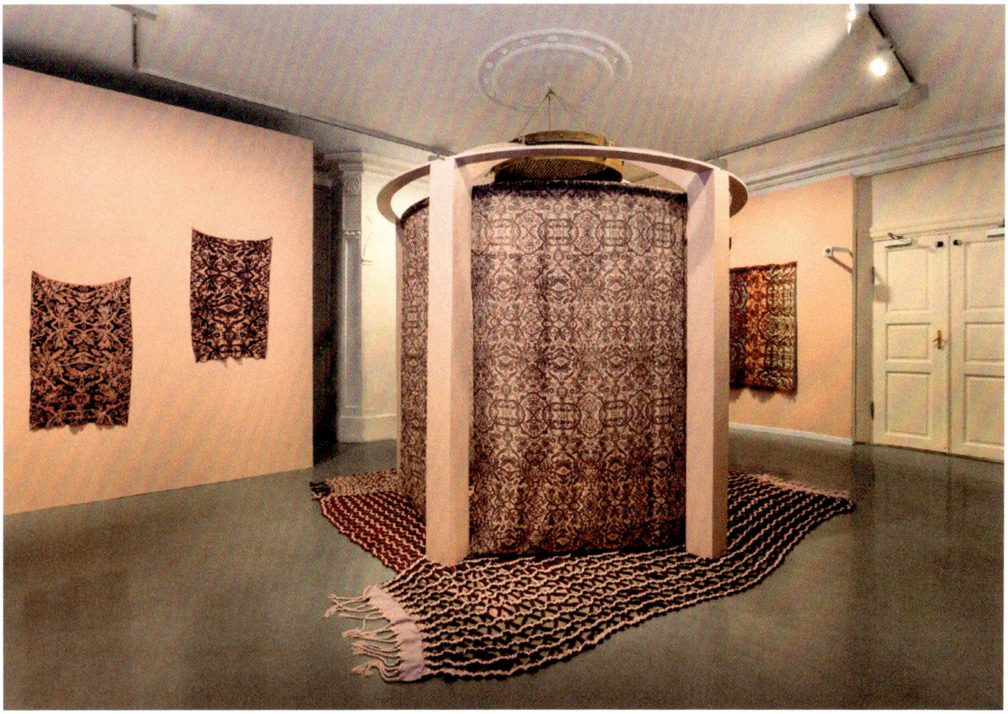

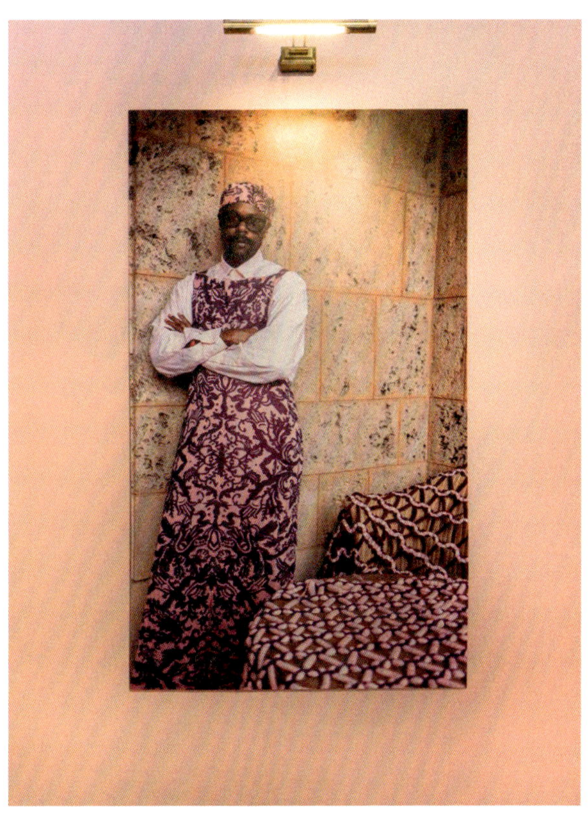

Damien Ajavon, *Sanctuary*, 2023. Installation view from Sparebankstiftelsen DNB's Grant Exhibition, Oslo Kunstforening, 2023.

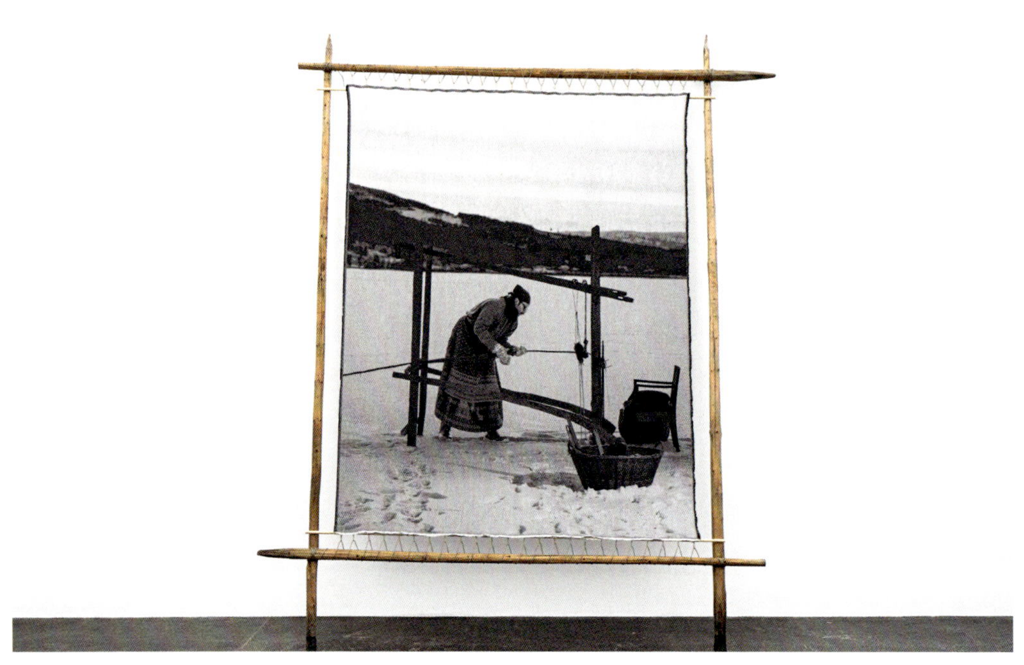

Damien Ajavon, *Protection of Relics (Black Craft Matter)*, 2023. Jacquard weave in cotton, 225×180 cm.

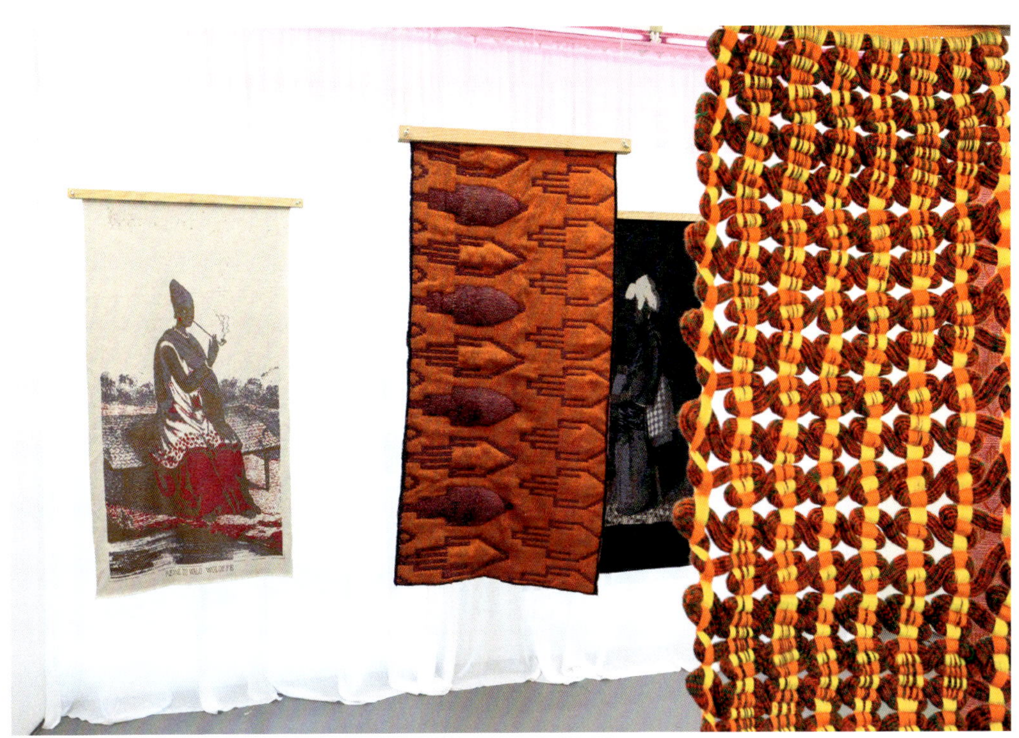

Installation view from 'Claiming Space',
Fotogalleriet, 2022.

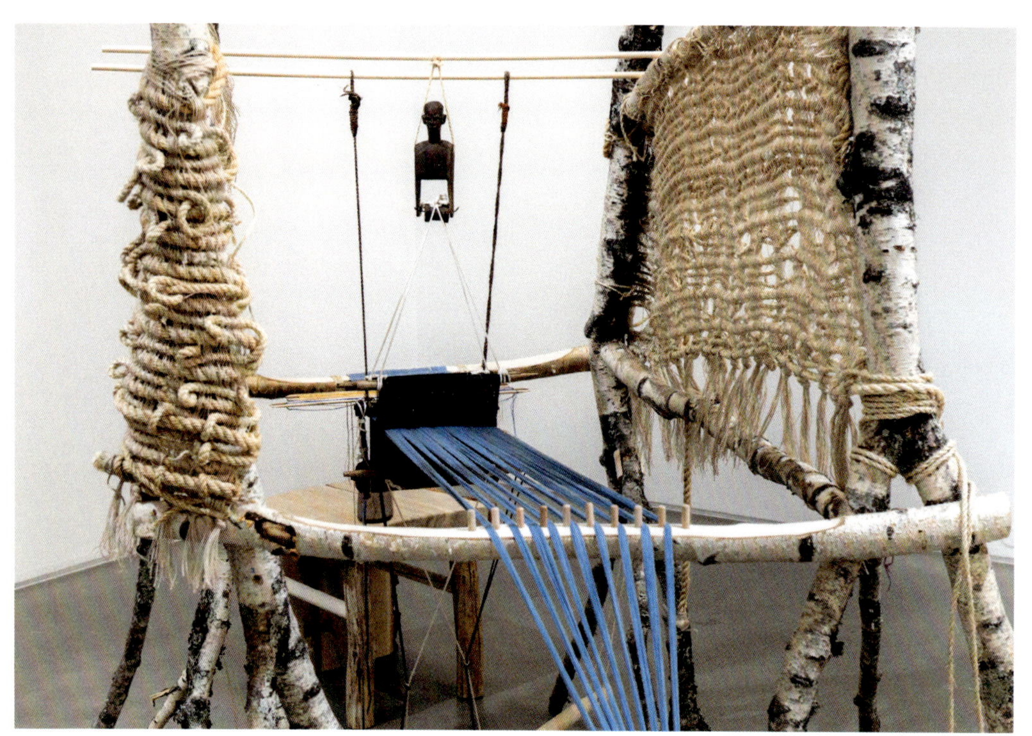

Damien Ajavon and Kevin Kurrang, *Le griot et le tisserand*, 2023. Mixed media installation, variable dimensions.

HOME IS WHERE THE LOOM IS

Damien Ajavon in conversation with Carl Martin Rosenkilde Faurby, director at Trøndelag Centre for Contemporary Art

Damien Ajavon was born in Paris to a Senegalese mother and a father from Togo, but is currently based in Norway, between Søndre Green – a farm and textile art hub run by artist Kristin Lindberg in rural Noresund – and Skien, as the local municipality's artist-in-residence 2024/25.

Ajavon's practice has been shaped by extensive travelling while working within the fashion industry and in craft ateliers – which took the aspiring artist all over the world and closer to their family origins in West Africa. Ajavon grew up with their mother's stories about spells that protect or put people in danger. To this day, superstition exerts influence on Damien's nomadic life: 'I never swim in the ocean during twilight. Unkind spirits can enter you in those hours between the day and the night.'

While we are talking, soft short exchanges in French are intermittently traded between Damien and their mother in the background, who is visiting Søndre Green from Paris. 'What was Damien like as a child?', I ask her. 'A kind child. Always helpful. Always playing with his friends. A lazy child, though. A bit spoiled,' she laughs. 'He would often go to museums and the mountains with his little sister.'

'What 10-year-old child brings their sibling to a museum,' I ask. 'I grew up right behind Centre Pompidou in Paris. My father would often bring us as well. I liked it there, even though I didn't understand much. I loved Keith Haring's work the best. That, and Niki de Saint Phalle's water fountain [Niki de Saint Phalle and Jean Tinguely, *La Fountaine Stravinsky*, 1983] in front of the museum. My sister and I would play in the water all the time.'

Did you want to be an artist as a child?

No, I wanted to be a comedian – in the French sense; you know, like a theatrical figure in *The Misanthrope*, not like stand-up. My mother hated the idea. She knew it was extremely difficult to make a living as an artist – acting or otherwise. She was a classical pianist ...

But you still ended up becoming an artist ...

Well, I guess it couldn't be any other way, although I think of myself as a *craftsperson*. That is important to me because of the community that shaped and cared for me, but also in terms of the kind of work I do. My work always centres around the materials I have around me, the cultural history of the textile crafts, how it connects me to my cultural roots and the way the slow work on the loom is where I feel the most at home.

I dream of building a community through craftwork and paying homage to the masters I have learned from and who took me in and cared for me. During all my travels, the most meaningful experiences have been visiting craft collectives and communities. It's interesting because ever since I was a child I've always been part of a community of females. Sisters, mothers and grandmothers have always created community structures of protection and care.

So, there has always been this close connection between craft and protection for me. Both in terms of how many of the craft communities I have been a part of were heavily influenced by female presence and heritage, but also because the essence of textile production, in particular, is about protecting the body. Textiles are a protective layer around our bodies and the things we treasure.

In the Manjak weaving tradition in Senegal, textiles are not only characterised by the intricate technique, but also their ceremonial purposes. The textiles are blessed before being given as gifts in weddings and other important life events. I remember when I left home as a young man, my mother went into her room, while I was packing. She came back with a Manjak cloth in her hands. 'I got this when I left Senegal,' she said. 'I was pregnant with you, and my mother gave this to me with a blessing to keep us safe.' She tore off a piece and gave it to me. I still carry it and plan to pass it on to my own children someday. This piece, its story and meaning, has become central to how I work and understand the craft.

Could you tell me a bit more about how you ended up dedicating yourself to textile craft?

My journey into textiles began when I was around 18 and I needed to support myself, because my mother was taking care of us by herself. I started working in clothes stores and began working in the more high-end fashion boutiques. At some point I started in the showrooms at Balenciaga. I was never that into fashion, though. The materials were always what fascinated me, and I got more and more interested in the production of them. The cultures and traditions behind them.

During my master studies at Oslo National Academy of Art (KHIO), I was invited to show a work at the Dakar Biennial, for which I worked with Senegalese Manjak weavers. It was a sobering experience, partly because I got to work with some of the great masters of the craft, but also being confronted with my perceived identity as a diasporic European, wanting to co-opt the local techniques. It became clear how my nomadic and diasporic life had created a sense of homelessness. Being a non-binary person very much added to that. This is also why the loom has become such an important element in my work. It has become an important part of creating a home wherever I am. An anchor of sorts. So, wherever I travel I always manage to find a loom and if I can't, I build one myself. Making a loom doesn't require much; you just need pieces of wood, and you can find this wherever you call home at a given time. But usually through this amazing and tight-knit weaver community, someone points me in the direction of a loom wherever I am. This is one of the reasons the crafts community is so special. We help each other and through the work, we can support each other, share knowledge and make kin.

It was during my time in Oslo that I truly began to appreciate the interplay between textiles and cultural identity. I immersed myself in the study of different weaving techniques, exploring how various cultures infused their heritage into the very fabric of their garments. It deepened my understanding of the symbolism embedded in textile arts.

I found that my work with looms became a meditative process, bridging the gap between my nomadic life and the search for a sense of belonging. Each thread woven was a testament to resilience, a nod to the traditions of those who came before me, and a step towards carving out my own space.

This was particularly true in the show I did when I was nominated for Sparebankstiftelsen DNB's grant in 2023. As a nomad, and a diasporic queer person, I constantly find myself having to reclaim spaces and generate a momentum from my life wherever I go. So, I wanted to create a welcoming space that felt protected and blessed.

The show was conceived as a round shelter, and everything was constructed with repurposed materials from the farm at Søndre Green where I lived. The print on the curtains was inspired by a beautiful room below the exhibition space, where I found this 18th century wallpaper with flowers and leaves that almost seemed like it was moving. I decided to transform all the leaves into hamsa hands as a protective symbol and bless it, like in the Manjak tradition. The protective symbol of the hamsa is believed to shield people from evil forces or the evil eye by catching spells and protecting them. If a hamsa falls or is lost, it means it worked by intercepting a spell aimed at you. I also made smaller carpets called 'shelters of protection,' reflecting on how migrants and immigrants rebuild their lives by creating new stories and worlds often in makeshift situations.

I have noticed that portraits are a recurring element in your work.

Yes. I noticed during my visit to Senegal, that there was a huge lack of family archives and lack of documentation of traditional weavers and their work. I tried to do research on this, but it was a painstaking process with a lot of open-ended conversations and unanswered emails, often being redirected from person to person without real answers. So, I decided that every future accomplishment I did would be memorialised through a portrait of myself, often with a touch of humour. In the work I made for the Sparebankstiftelsen DNB grant exhibition, I depicted myself wearing the same print as my installation. It was inspired by portraits of Viennese upper-class women from the Secession who commissioned these elaborate wallpapers and textiles for their homes and even had dresses made in the same patterns.

In my graduation show at KHIO I made a loom and documented the entire process. In the portrait element of the work, I decided to wear traditional clothes worn by female weavers in Norway. The pictures were taken outside to show my surroundings and were inspired by Manjak weaving that is typically done outdoors. So, the project became a way of highlighting different cultural heritages by dressing as a Norwegian female, since it was usually women who wove in Norway. It was a statement that craft has no gender. The name of the work, *Black Craft Matter*, emphasized how African craft, particularly weaving, was disappearing, and stressed the importance of preserving this knowledge.

The project was somehow about understanding my identity and purpose. It was based on research exploring connections between blackness, queerness, and craftsmanship. How I could reconnect with my heritage by learning to weave from the cloth my mother

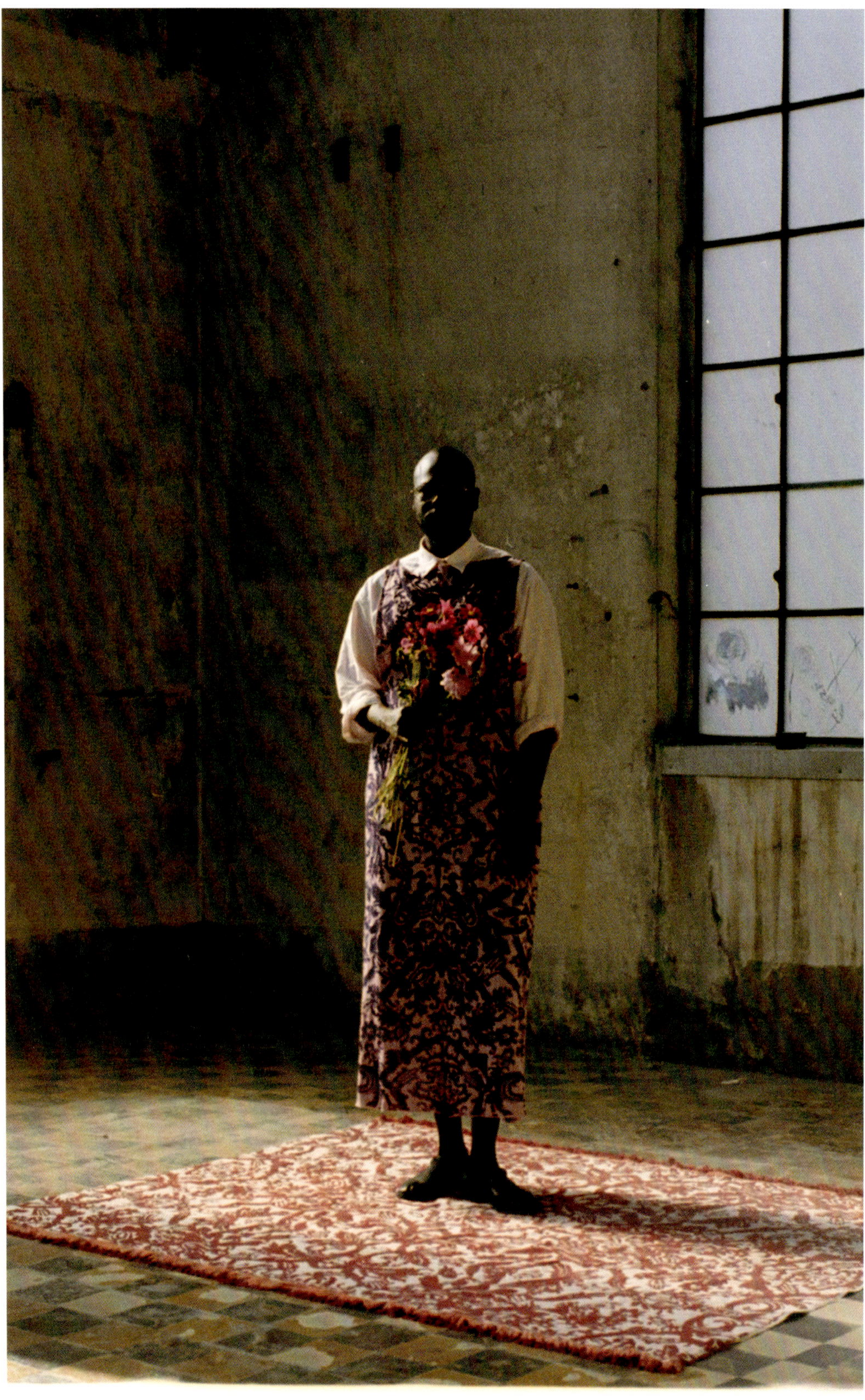

gave me and create protective fabrics. That's why I returned to Saint Louis in Senegal and became an apprentice under the master weaver Assane Diop, who taught me traditional weaving techniques. In Senegal, weaving is predominantly done by men due to the loom's weight, although women handle finishing tasks such as sewing and packaging. It also became a decolonising effort since Manjak weaving has remained uniquely African, unlike other techniques appropriated by colonisers. Manjak weaving is one of the few practices that has stayed within the African continent, particularly in West Africa. But it is struggling. Basically, weavers don't earn much and are considered low in the sociocultural system. The struggle is real in Senegal and there is much to be done in preserving this heritage.

I am fortunate to have had access to advanced weaving technologies as well, that made me able to capture a moment very precisely through weaving. I decided to make the portraits of myself dressed as a female Norwegian weaver in jacquard weaving so I could embed the gesture of documentation into the production process itself. A jacquard loom is a very advanced technology where each pixel of an image becomes a thread, allowing for precise textile pictures. This precision makes fabric images as detailed as photographs. The cards used in these looms are employed in most modern clothing because they increase production speed and reduce costs, despite the high initial expense of the machine.

The jacquard process involves transforming photographic images into thread structures, not simply printing them. Unlike a printer, a jacquard loom requires setting up thread by thread and constant verification. Converting each pixel into a woven structure takes hours of programming, making it a labour-intensive process that's often underestimated.

It was interesting to me to see how Norwegian people, especially, have very strong emotions when experiencing the portraits in person. The material texture of the image has a completely different impact than a photograph would.

So, I try to make the textiles into a form of modern archives in order to decolonise the practice of documentation, by having the craftsperson make the document themselves through the craft.

One of the first exhibitions I was invited to in Norway was at Fotogalleriet in Oslo. I showed most of the work I had made while studying in Canada. The show was called 'Claiming Space,' and focused on creating a safer environment for queer people of colour. It featured contributions from me, Chai Saeidi and Ahmed Umar. We designed the space so that visitors would feel surrounded by various queer individuals and artworks, fostering a sense of belonging, and transformed the gallery into a secure and welcoming area where visitors could feel enveloped in positive intention.

Although my artworks weren't specifically created for this purpose, they ended up really aligning with my vision for the show, because they explored dialogues between different materials and generations. One of the pieces is a portrait of me and my ancestor discussing my creative process and aspirations. As a BIPOC queer artist, I struggled finding role models and artists to truly connect with and so this image of my ancestor and me is also an endeavour to create kinship and cultural connections across history and generations despite the exclusions of people like me in colonial history making.

Growing up in the western world and studying art, the art history was predominantly white, and the curriculum never taught me about traditional African crafts or items that were stolen and now being restituted. The work that has and is being done makes it possible to better discuss and reflect on weaving as an expression of conditions Black bodies have been subjected to. Especially cotton, which serves as a symbolic material for enslaved African American people. This understanding came late to me, so I had to develop my creative process with my own role models.

The ancestor depicted is Ndate Yalla Mbodj, who has become an influential figure in my practice. My family came from a royal line that lost everything due to colonisation. Ndate Yalla Mbodj was the last queen of her village, and she resisted both the Arab warriors and the French, sacrificing everything to resist slavery for her people. She represents true acts of defiance, and discovering her story was pivotal to me. Her willingness to sacrifice herself to build a better world where people aren't the property of a white master resonated deeply. I became obsessed with learning more about her, asking questions, and seeking answers. This journey is ongoing, and happily I have found several books about her. I don't have all the details yet; I'm still learning, and my mother continues to share her stories with me.

The woven portrait I showed at Fotogalleriet is based on a portrait of Ndate from colonial archives, but I decided to recreate it as my own. I made it with jacquard weaving but wove it myself – not as an automatic weaving. Therefore, this work is very dear to me and probably my favourite work.

I notice this lace work technique, that I have also seen in several of your shows …

The technique is called Spanish lace, and it was popular with women in the eighties and nineties to replicate lace on a loom. Crafting actual lace is very time-consuming and requires significant skill. I decided to combine two techniques I love: weaving and knitting. My goal was to capture the motion of water and create a 3D effect on a flat surface by incorporating knitting into weaving, giving texture and volume to the yarn, which resulted in patterns that resemble water. Spanish lace has since become a signature element of mine. Most exhibitions I participate in feature a piece incorporating this technique and it has become a distinctive marker for my work.

From all that you have told me, there is a piece that brings a lot of these things together – the site-bound/specific loom, the Manjak tradition, the shelter, the historical references, and the lace technique – namely, the piece that you did for a group show at Nitja Centre for Contemporary Art in Lillestrøm. It's a loom that seems almost anchored to the floor.

Yes, it's a loom, specifically a Manjak loom where the warp needs to be attached to a rock or something similar to create the tension needed for weaving. It was a collaboration with the artist Kevin Kurang, who is half Gambian and half Norwegian. I dyed the fabric myself in Saint Louis in Senegal where the cotton comes from. My idea was to create a Manjak loom using Norwegian birch. I asked Kevin to build the loom based on my story about reconnecting with my roots and learning Manjak weaving. Kevin's father was from a tribe of griots, who are traditional storytellers, and despite growing up in Norway and losing his father early, this project allowed him to explore his heritage as well.

Kevin created a tool that allowed me to weave a new narrative. The loom allows for two settings: it can be enclosed so that you are surrounded by your materials and focused on weaving, or it can be opened to view the surroundings. In the middle, there is a traditional artifact often found on West African looms. It's an antique piece, which I discovered in Saint Louis; a human face up to the torso. It works as a control balance system for the loom's movement.

At the moment of this interview, you're still preparing for the show at Trøndelag Centre for Contemporary Art for the Hannah Ryggen Triennale, but can you share your thoughts on what you're working on for the show?

It will be a textile sculpture that emphasizes the sacred practice of weaving. It will be made up of embroidered Manjak bands crafted by Manjak artisans. I want the work to assert the autonomy of West African craftspeople and point to the need for cultural preservation and respect for these ancestral practices and the significance of traditional knowledge.

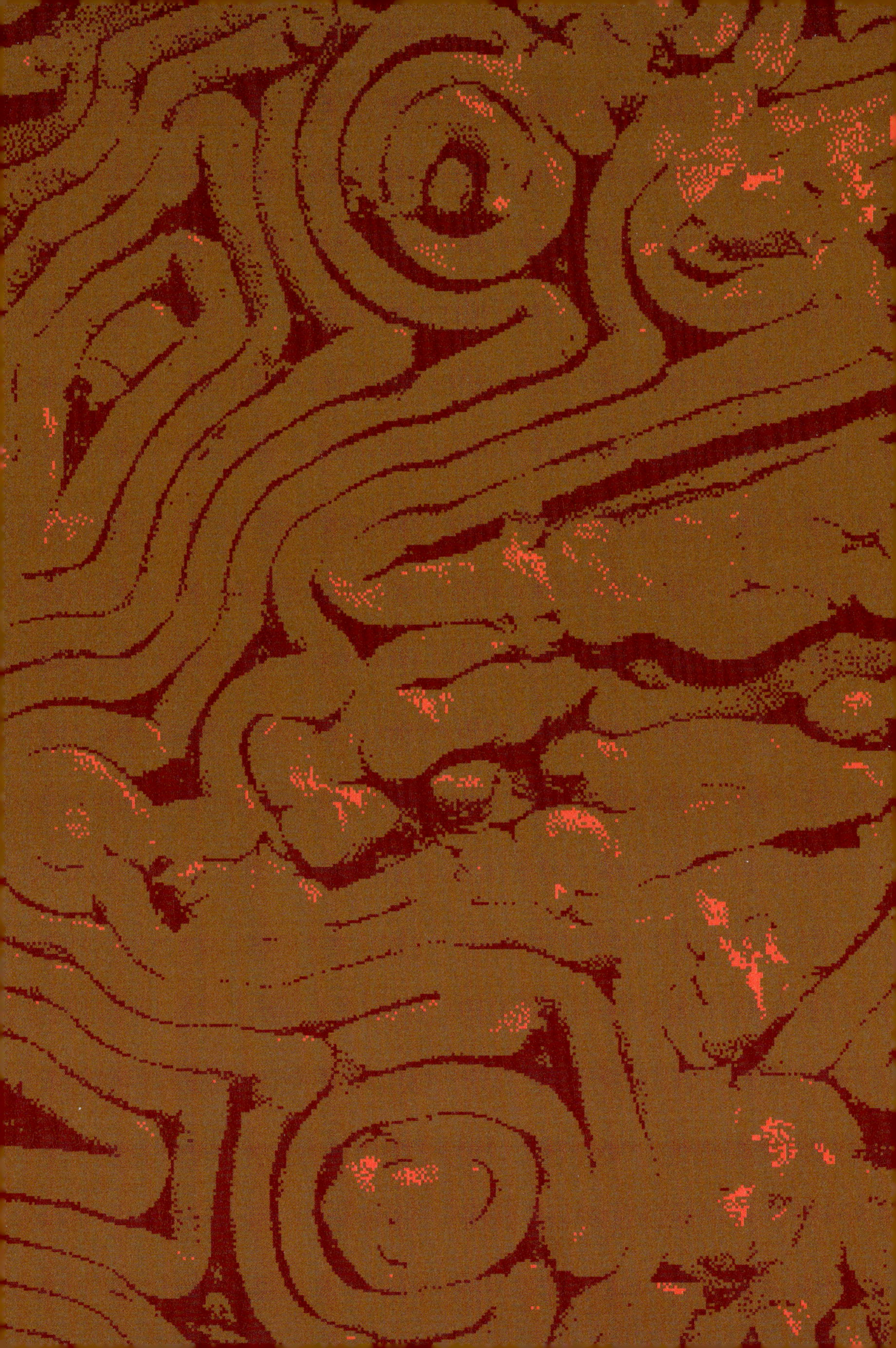

Kunsthall
Trondheim

LIV BUGGE
Umbilical Fire

04.04
/ 14.09

I denne solotutstillingen utforsker Liv Bugge de subtile, men samtidig sterke båndene som knytter energi, attrå og reproduksjon sammen på tvers av menneskelige og ikke-menneskelige sfærer. Forankret i et nytt bestillingsverk med film og installasjon utfordrer kunstneren vår oppfatning av disse beslektede temaene og spør: Hvordan gjenspeiles våre tanker om energi i vår forståelse av erotikk, sex og natur?

Utstillingens scenografi omslutter filmen og drar publikum inn i et landskap av 3D-printede leirskulpturer. Skulpturene tar form av undersjøiske oljefelter rundt om i Norge og bruker tid med det som ligger under overflaten, både i bokstavelig og metaforisk forstand. Gjennom denne kombinasjonen av film og skulptur ser Bugge på energifirmaers forsøk med «grønnvasking» og «lillavasking», for eksempel ved å oppkalle skjulte energikilder etter kjente skikkelser fra feminismen og mytologien.

Bugge har i flere år jobbet kunstnerisk med energipolitikk og fossilt materiale, med deres arv og deres alternativer, i sine verker. Kunstneren vever her sammen et nytt narrativ som trosser rammene for konvensjonell historiefortelling, og publikum utfordres til å tenke nytt angående vår energiavhengighet og hvordan den påvirker liv, arbeid og omsorg.

I utforskningen av disse temaene presenterer *Umbilical Fire* et symbolsk nautisk tau spunnet av saue- og hundeull som vever sammen narrativ om olje som modernitetens «morsmelk», Bugges personlige historie om å vokse opp i en familie som inkluderer sledehunder, og arven etter Hannah Ryggen, og hennes politisk engasjerte billedvev.

Side 68–73: Liv Bugge, *Arbeidsnotater til Hannah Ryggen Triennale 2025.*

LIV BUGGE: UMBILICAL FIRE

In this solo exhibition, Liv Bugge explores the subtle yet profound connections linking energy, desire, and reproduction across human and non-human realms. Anchored by a newly commissioned film and installation, the artist challenges our perceptions of these integrated themes to ask: How do our energy concepts mirror our understanding of eroticism, sex, and nature?

The exhibition's scenography surrounds the film, immersing visitors in a striking landscape of 3D-printed clay sculptures. These sculptures reveal underwater oil field environments across Norway, exposing what lies beneath the surface – both literally and metaphorically. Through this combination, Bugge exposes energy companies' attempts at 'greenwashing' and 'purplewashing,' including naming hidden power sources after feminist and mythological figures.

Drawing from the artist's multi-year investigation of energy policy, fossil fuels, and their alternatives and legacies across several previous artworks, Bugge weaves a new narrative that defies conventional storytelling. Through this tale, visitors are collectively challenged to reconsider ideas about how our energy-dependent world influences life, work, and care.

Mining these subjects, *Umbilical Fire* features a symbolic nautical rope spun from sheep and dog wool, weaving together narratives of oil as modernity's 'mother's milk,' Bugge's personal history of being raised in a family including sled dogs, and the legacy of artist Hannah Ryggen, and her politically engaged tapestries.

Pages 68–73: Liv Bugge, *Working notes toward the Hannah Ryggen Triennale 2025.*

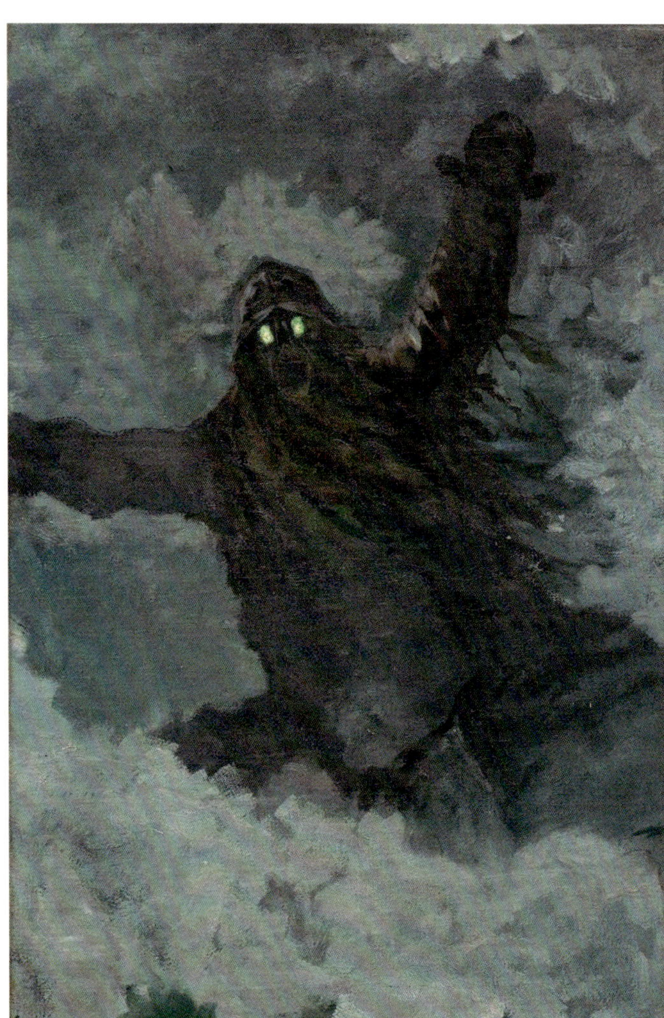

Draugen er en skikkelse fra skandinavisk folketro, og er særlig tilknyttet kystregioner. Det overnaturlige vesenet sies å være den hvileløse ånden til en person som druknet i havet. Ifølge legendene er et møte med draugen – enten man ser eller hører ham – et illevarslende tegn som betyr ulykke eller fare for den som møter ham.

The Draug is an entity in Scandinavian folklore, particularly associated with coastal regions. This supernatural being is said to be the restless spirit of a person who met their end by drowning in the ocean. According to legend, encountering a draug – whether through sight or sound – is considered an ominous sign, foreshadowing misfortune or danger for those who experience such an encounter.

Theodor Kittelsen, *Draugen*
(*Draugen [Ghost of the Sea]*), n.d.
Oil on canvas, 59×39 cm. Private collection.

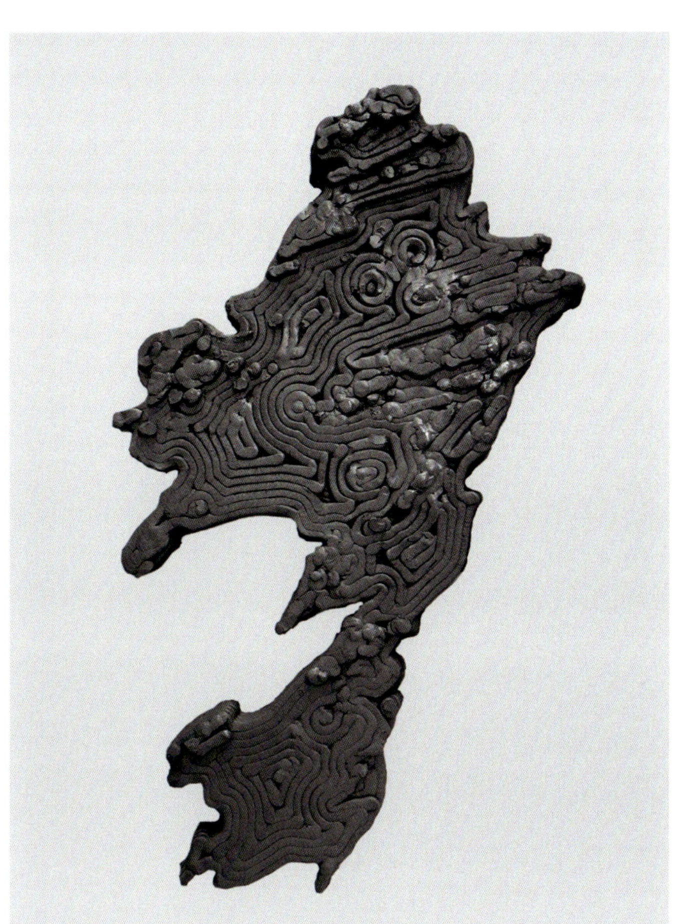

Skulpturen *Draugen* viser topografien på havbunnen (batymetrien) på oljefeltet Draugen sør i Norskehavet. Selv om hele den norske kontinentalsokkelen er kartlagt, er dette et av de få olje- og gassfeltene med geodata som er tilgjengelig for offentligheten. Vanndybden er på 250 meter. Draugen ble oppdaget i 1984, og produksjonen startet i 1993. Denne skulpturen er 3D-printet med marin leire fra Oslo, et gjenbrukt avfallsprodukt fra en byggeplass.

Draugen is a sculptural representation of the seafloor topography (bathymetry) of the Draugen oil field in the southern part of the Norwegian Sea. Although the whole Norwegian continental shelf is mapped, this is one of the few oil and gas fields with publicly available geodata. The water depth is 250 meters. Draugen was discovered in 1984, and production started in 1993. This sculpture is 3D printed in marine clay from Oslo, sourced as waste from a building site.

Liv Bugge, *Draugen*, 2024.
Clay sculpture, 52×34×4 cm.

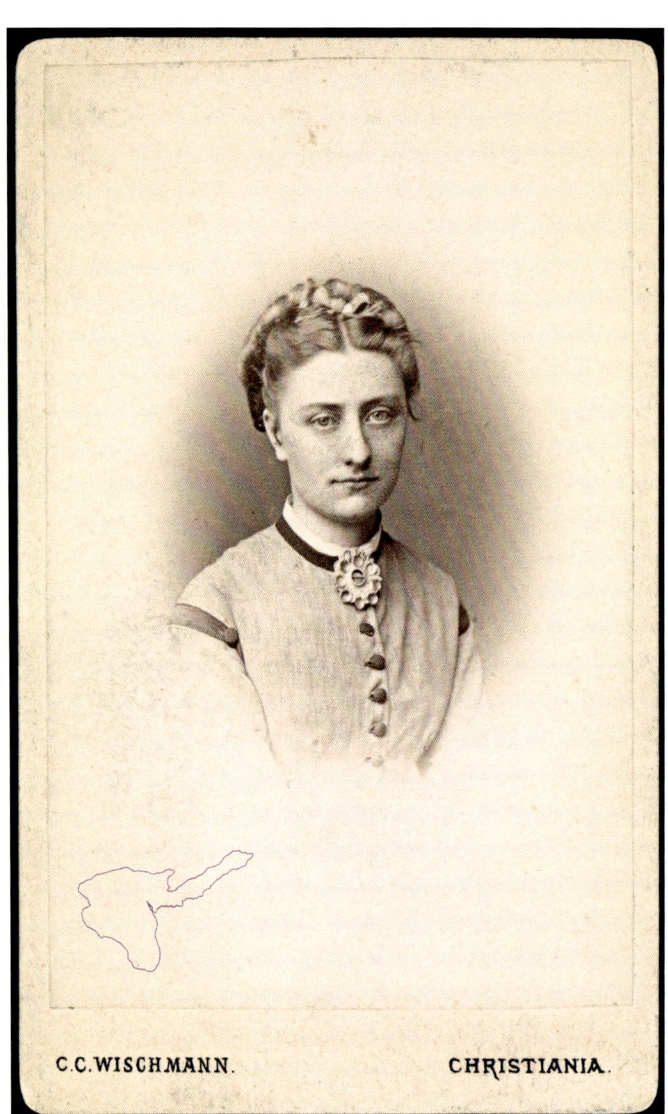

Gina Krog, født Jørgine Anna Sverdrup 20. juni 1847, var en fremstående norsk aktivist som satte uutslettelige spor på feminismen i Skandinavia før hun døde 14. april 1916. Som formidler, forfatter, redaktør og politisk figur kjempet Krog for kvinners stemmerett. Med sitt progressive syn var hun en dominerende skikkelse i den borgerlig-liberale kvinnesaksbevegelsen i sin samtid. For å hedre arven etter henne opprettet Norsk kvinnesaksforening i 2009 Gina Krog-prisen. Prisen deles ut annethvert år til norske kvinner som har utmerket seg ved å fremme feministiske saker. Krogs navn pryder også et oljefelt i Nordsjøen. Gina Krog-feltet sør for Utsirahøyden i midtre del av Nordsjøen ligger på 120 meters dybde. Selv om det ble oppdaget i 1978, var det først i 2013 at utbyggingsplanene ble godkjent. Feltets infrastruktur består blant annet av en permanent plattform med boliger og produksjonsfasiliteter. Oljeproduksjonen startet i 2017.

Gina Krog, born Jørgine Anna Sverdrup on June 20, 1847, was a prominent Norwegian activist who left an indelible mark on Scandinavian feminism before passing on April 14, 1916. As an educator, writer, editor, and political figure, Krog championed women's suffrage. Her progressive stance often put her at the forefront of liberal thought during her era. Recognising her enduring legacy, the Norwegian Association for Women's Rights established the Gina Krog Prize in 2009. This biennial award celebrates individuals who continue to advance feminist causes. Krog's name also graces an offshore oil field in the North Sea. The Gina Krog field on Utsira High in the central North Sea lies beneath 120 metres of water. Though discovered in 1978, it wasn't until 2013 that the development plan received approval. The field's infrastructure includes a fixed platform with living quarters and processing facilities. Oil production commenced in 2017.

Liv Bugge, *Gina Krog ca. 1873*, 2024.
Photomontage (sketch), 12.5×10 cm.

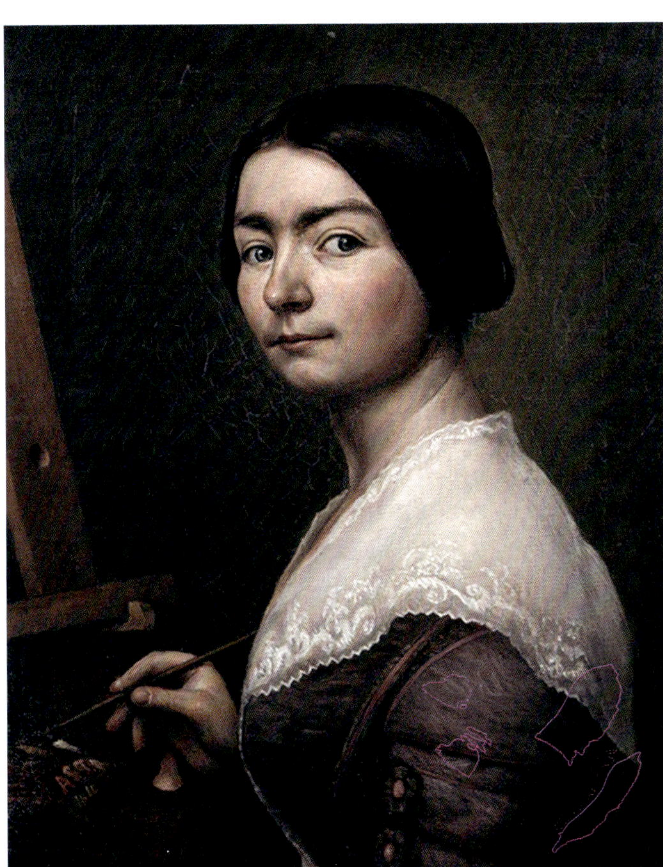

Aasta Hansteen var en norsk kunstner som utmerket seg som maler, forfatter og feminist. Hansteen var kjent for å uttale seg i hvasse ordelag om hvordan kvinner ble fremstilt i jødisk, kristen og paulinsk tradisjon. Hun mente at disse fremstillingene nedverdiget kvinners åndelige verdi. Fordi hun hadde en sterk personlighet og nektet å innrette seg etter vanlig kutyme, for eksempel besøkte hun kaféer og markeder uten ledsager, var hun en til tider kontroversiell skikkelse i Oslo. Kunsten hennes assosieres ofte med Düsseldorfskolen. Aasta Hansteen-feltet, som drives av Equinor og er oppkalt etter henne, startet oljeproduksjonen 16. desember 2018. Den flytende produksjonsplattformen er oppsiktsvekkende høy, høyere enn Eiffeltårnet. Selv om det hevdes at feltet produserer «grønn» gass og olje, er det verd å merke seg at regnestykket for klimaavtrykket ikke inkluderer utslipp fra produksjonsprosessene, vedlikehold av fasilitetene, virksomheten eller forsyningskjeden.

Aasta Hansteen was a Norwegian artist who made significant contributions as a painter, author, and feminist. Hansteen was known for her outspoken criticism of how women were portrayed in Judeo-Christian and Pauline traditions, arguing that these views diminished women's spiritual value. Her strong personality and unconventional behaviour, such as visiting cafes and markets on her own, made her a notable and sometimes controversial figure in Oslo society. Her artwork is often associated with the Düsseldorf School of painting. The Aasta Hansteen oil field, operated by Equinor Energy and named after her, began production on December 16, 2018. Its floating platform is remarkably tall, surpassing the height of the Eiffel Tower. While the field is promoted as producing 'green' gas and oil, it's worth noting that the carbon footprint calculation doesn't include emissions from production processes, facility maintenance, operations, or supply chain activities.

Liv Bugge, *Aasta Hansteen, self-portrait*, 2024.
Photomontage (sketch), 12.5×10 cm.

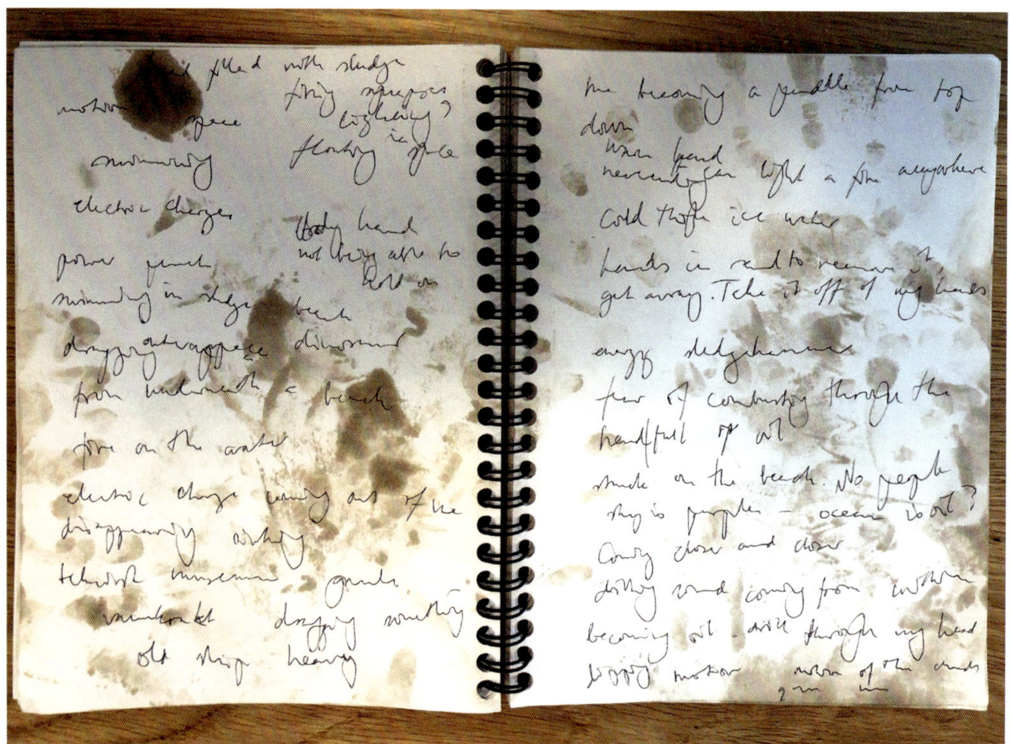

Goliat, Draugen & Maria er en gransking av oljens komplekse natur og dens påvirkning på samfunnet. Videoverket, som er del av et større prosjekt, utforsker det dyptgripende faktum at moderne energibruk innebærer forbrenning av urtidens organiske stoffer. Kunstneren oppfordrer publikum til å tenke over implikasjonene av at vi brenner det som i bunn og grunn er forhistoriske livsformer, eller for å si det på en annen måte, våre egne forfedre. Ved å adressere oljen som en «skapning» ønsker Bugge å fremmane en relasjon som er basert i noe annet enn forvaltningstanken med dette kontroversielle stoffet.

Goliat, Draugen & Maria examines the complex nature of oil and its societal impact. The video, part of a larger project, explores the profound concept that modern energy use involves burning ancient organic matter. The artist encourages viewers to consider the implications of combusting what are essentially prehistoric life forms, or, said in another way, our ancestors. By addressing oil as a 'creature,' Bugge aims to evoke a more visceral understanding of our connection to nature and this controversial substance.

Ana Marques Engh's notebook, photographed by Liv Bugge during the shooting of Bugge's video *Goliat, Draugen & Maria*, 2021.

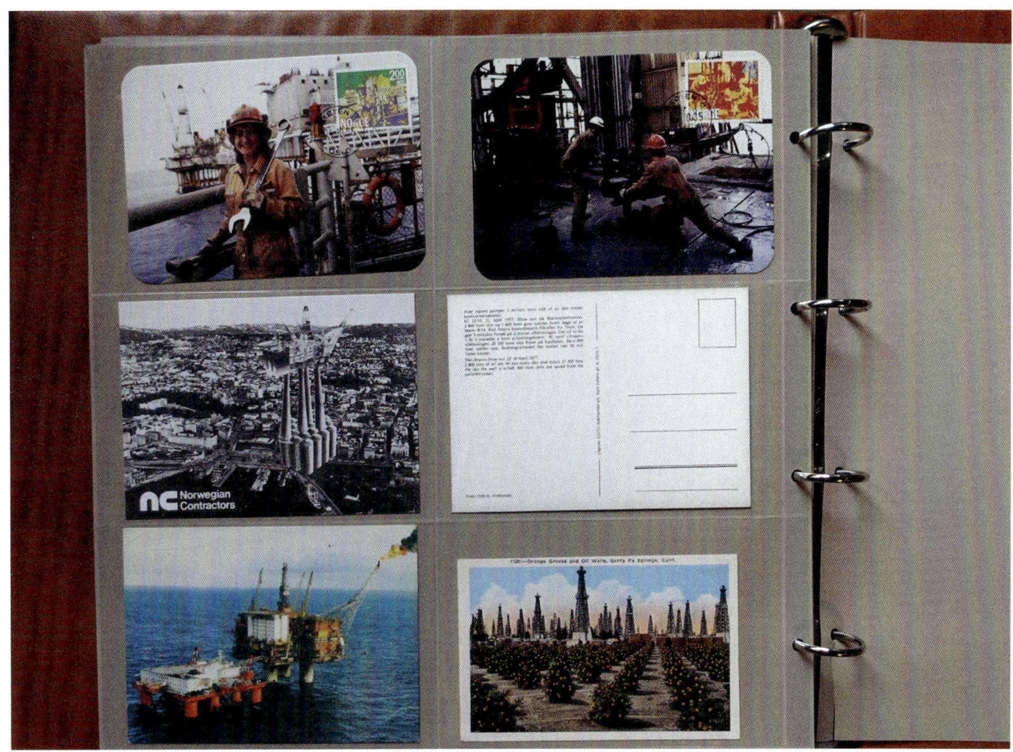

I en årrekke har Liv Bugge samlet på historiske postkort som dokumenterer og promoterer petroleumsindustrien. Gjennom denne samlingen kartlegger kunstneren hvordan fossilt brensel har blitt presentert gjennom tidene, noe som bunner i hennes interesse for hvordan fossilt brensel blir omtalt i språk og nasjonale narrativer. Amerikanske postkort fra tidlig 1900-tall relaterer til samtidige beskrivelser av olje som noe dyrisk som må temmes, mors blod, eller til og med morsmelk. Norske postkort fra 1980-tallet presenterer olje som en del av velferdsstaten. I senere år har sjargongen rundt norsk olje og gass beveget seg mot grønne eller kvinnelige begreper, samt bruk av pronomenene «hun/henne».

For several years, Liv Bugge has collected a series of historic postcards that document and promote the oil industry. By assembling these items, the artist performs a form of cognitive mapping of the fossil imagery, which follows her interest in fossil representation in national narratives and language. Contemporary to the American postcards of the early 20th century, oil was often described as animalistic, something to tame, the blood of the mother, or even the milk of the mother. In the Norwegian postcards from the 1980s, oil is represented as part of the welfare state. In recent years, the language of Norwegian oil and gas has shifted towards green or female representations, often referred to with the pronouns 'she/her'.

Historical postcards from Norway and the USA, collected by Liv Bugge.

EN ANNEN SLAGS MOR

Et personlig essay om skapelse og omsorg

Av Adam Kleinman, direktør ved Kunsthall Trondheim

Et landskap

Benedict Pond ligger bare et kvarters kjøretur fra Great Barrington i Western Massachusetts. En rekke fjellbekker renner ut i dette vannet, som er omkranset av gamle trær og tett buskas som filtrerer sollyset og kaster skimrende flekker av lys på overflaten. Derfra kan man ta en halvtimes fottur i bratt skogsterreng opp til «The Ledges», en naken fjellrygg som består av naturlig granitt. Der, hvor himmel og jord møtes, kan man nyte en fantastisk utsikt over Taconic-fjellene.

Men dette landskapet er så mye mer. For å kunne forklare hva det betyr for meg må jeg først fortelle om moren min, minnet om henne, min fars falmende erindringer og narrativet som stadig utvikler seg mellom dem og meg.

Å forfatte dette essayet i forbindelse med en kunstutstilling med temaet *mater* – latinsk for *mor* – er for meg en unik utfordring, for jeg vokste opp uten min. Moren min døde seks dager etter seksårsdagen min, etter flere år med skrantende helse. Historier jeg er blitt fortalt lenge etter at hun gikk bort, har satt sitt preg på de få minnene jeg har om henne og sier noe om både hvor upålitelige minner er og om identitet i seg selv.

Moren min ble diagnostisert med inoperabelt astrocytom – en dødelig, stjerneformet hjernesvulst.

Etter det familien har fortalt meg, pleide hun alltid å sende meg til faren min for å få trøst når jeg hadde skrubbet opp kneet eller pådratt meg lignende barndomsskader. Faren min tolket det slik at hun ville jeg heller skulle knytte meg til ham, da hun ikke hadde lenge igjen å leve. Denne velmente handlingen, logisk som den kanskje var, bidro til at jeg mistet noe av tilknytningen til henne. Samtidig skapte den noe annet: en mytologi.

Elaine, også kjent som Maggie

Moren min var en kunstner som spilte elektrisk triangel og sang i Red Krayola, et avantgarde-rockeband med Mayo Thompson i spissen. Hun var også medlem av Living Theatre, et eksperimentelt og anarkistisk kompani som var kjent for sin aggressive tilnærming til performance. Gruppen hadde stor innflytelse på en generasjon med dramatikere gjennom virkemidler som publikumsdeltakelse, utradisjonell scenografi og hyppig improvisasjon med politisk tilsnitt, særlig tilknyttet rettssakene rundt Vietnamkrigen og den amerikanske borgerrettighetsbevegelsen. De bidro til å gi kunst mer spillerom ved å utvide dens rolle i samfunnet.

Elaine var også maler, og jeg vokste opp omgitt av kunstverkene hennes. Ett maleri, som fremdeles henger på rommet mitt, består av lag på lag av mørke, havblå røntgenbilder av svulstene hennes. Over de overlappende lysarkene malte hun bilder av svulsten som snor seg inn i et undervannstablå der sykdommen blir til en tareskog med stiliserte spekkhoggere som svømmer gjennom den.

Gjemt unna i et skap har jeg en liten bronsefigur av en deformert menneskelignende figur med tungen stikkende ut, som om den har fått et anfall. Den som laget den, hadde mange anfall. Da jeg spurte faren min om den, forklarte han at Elaine byttet uttrykksform til skulptur slik at leiren kunne dokumentere forfallet i motorikken hennes idet hun prøvde å forme en serie med selvportretter mens sykdommen fortærte hjernen hennes.

Disse historiene fremmaner et spørsmål: hvem var dette mennesket som jeg er ment å kalle «mor»?

David, også kjent som Dave

De seneste årene har min fars hukommelse blitt kraftig redusert grunnet Alzheimers og demens. Jeg forsto at noe ikke var som det skulle i 2020. På vår ikke-helt-årlige tur til området kunne han ikke huske «The Ledges». Heldigvis kunne broren hans gi meg navnet på stedet via telefon, for jeg hadde aldri brydd meg om å notere meg det. Idet faren min og jeg tok oss opp i høyden igjen, vekket landskapet minner for ham, muligens for siste gang.

Da vi var oppe på «The Ledges», brøt faren min sammen mens han lette etter et tre som står der. Her spredte han Elaines aske for rundt 30 år siden, slik at fjellet ble ett av de to gravstedene hennes. Det andre er et fossefall noen minutters kjøretur unna, der det også er aske etter henne. Derpå deklamerte Dave de bitene han kunne huske fra den skjebnesvangre dagen og forklarte at en politibetjent trolig reddet ham fra døden da han var på sitt mest trøstesløse i utførelsen av dette oppdraget.

Faren min kom deretter med en snodig metafor.

Elaine ble beskrevet mer som en idé enn en person – et sted så fjernt i tid at hun ble nærmest som en oldtidssivilisasjon å regne. Dette fikk meg til å undres: Er jeg en arkeolog som prøver å tolke livet hennes gjennom artefaktene hun etterlot seg og historiene andre forteller om henne? Det latinske ordet «mater» er også roten til ordet «materie», som viser til de fysiske etterlatenskapene vi legger igjen på vår vei gjennom livet.

Min fars hukommelse er nesten helt borte nå, og han er ikke lenger i stand til å utføre dagligdagse gjøremål som å dusje eller å spise uten hjelp. Da jeg flyttet til Norge, ble det for komplisert å ta ham med hit, så vi flyttet ham inn på et pleiehjem i nærheten av «The Ledges», i håp om at minnene landskapet hadde risset inn kunne berolige og trøste ham.

To måneder før jeg skrev denne teksten, sommerferien 2024, besøkte Dave og jeg fossen der resten av Elaines aske var blitt spredt.

Dave hevdet at han ikke kjente til stedet.

Da vi gikk inn på stien som leder opp mot fossen, klarte faren min plutselig ikke å gå. Kanskje hadde han blitt for skrøpelig, eller kanskje hadde han fått panikkanfall trigget av en slags dyp og usigelig forståelse av hvor han var. Da vi ikke kunne gå hele veien opp, ble vi stående på en bro og se utover elven som renner over fossen mens han hentet nye krefter og klaget på det varme sommerværet. Jeg visste at vi ikke ville nå fossen, så jeg tok kapsen hans og klatret ned til elva for å hente opp litt av det kalde vannet. Jeg ga den tilbake til ham og plasserte den gjennomvåte kapsen på det skallede, glohete hodet hans. Dave tok et lettelsens sukk og stirret ned i vannet, og jeg tenkte denne «dåpen» var en passende seremoni ved min mors hvilested.

Mødre og kunst

Kunstens fremstillinger av morskap har ofte brukt det idealiserte motivet av Madonna med barnet. Disse bildene uttrykker som regel omsorg eller bekymring, og hinter om den ultimate sorgen over barnets død. Min mors samtidige kunstnerkolleger dro imidlertid mor-som-metafor-tropen noen hakk videre for å utforske realiteten og banaliteten som ligger i foreldreskapet gjennom å bruke sine egne livserfaringer.

Mary Kelly, Mierle Laderman Ukeles, Susan Hiller og Judy Chicago, for å nevne noen, belyste hittil usynlige tema, særlig det skjulte arbeidet som er knyttet til familieomsorg og husarbeid. Agnes Denes ga tematikken en ny, kraftig dimensjon ved å gå tilbake til mor-metaforen for å dra paralleller mellom miljøforvaltning og tradisjonelt feminine eller moderlige roller.

Med ydmykhet og den ytterste respekt for disse kunstnernes arv ønsker jeg å utforske en beslektet, men annerledes tanke: at morsrollen ikke nødvendigvis krever en «mor».

Roller og oppgaver

Alle hans feil og mangler til tross, oppfostret faren min meg alene.

Dave er også kunstner.

Ikke så lenge etter at jeg ble født laget han og broren en kortfilm, en slapstickkomedie med tittelen Kidtastrophe, og jeg var barnestjernen i den. Premisset var ombyttede roller. Elaine, som var utdannet sykepleier, gikk på jobb, mens Dave ble den som skulle stelle hjemme. Som man kan anta ut fra tittelen, var det en fullstendig katastrofe: leketøy på gulvet ble tråkket på og forårsaket knall og fall som om noen skled på et bananskall, skittentøyskurver ble veltet utover gulvet, talkumpulver i for store mengder tåkela hele huset, med mer knall og fall som følge. Fortellerstemmen er en snakkende papegøye som mener den vet bedre råd. I filmen ringer Dave og spør broren Lou om hjelp. Begge fortsetter å kløne til alt. Men jeg bare smiler og ler det hele bort. I den siste scenen kommer Elaine hjem fra jobb, men ikke for å rydde opp i kaoset. Når gemyttene har roet seg etter at hun har sett hvordan det ser ut i leiligheten, gir hun Dave trøst (og tilgivelse), siden jeg fremdeles ler. Lou redigerte filmen, og Elaine animerte rulleteksten.

Grunnet sykdommen er det nå Dave som må vende seg til meg, med alle mine feil og mangler, og be om hjelp.

De fleste skildringer av foreldreskap fokuserer på å oppfostre barn, men kanskje det er på tide å snu litt på dette generasjonsbildet, da stadig flere nå befinner seg i «sandwichgenerasjonen» og må ta seg av både barn og foreldre samtidig.

I samme ånd som de samfunnsengasjerte kunstnerne jeg har nevnt ovenfor og deres radikale nytenkning, ville det ha noe for seg å utvide begrepet morskap til å inkludere omsorg for eldre, som ofte blir behandlet som uselvstendige og uten handlekraft? Kan kunsten bidra til å humanisere disse «pasientene» og utfordre tankegangen om at de ikke har noen fremtid?

Uavhengig av alder handler vår familiehistorie om fravær og nærvær idet én mor forsvinner og en annen overtar rollen. Kun kunsten er konstant.

Mødre utover familiens rammer

Idet vi som befolkning eldes og flere familier må håndtere utfordringer tilknyttet eldreomsorg, trenger vi kunst som dokumenterer disse endringene og forestiller seg nye paradigmer rundt verdighet. Eller for å si det på en annen måte: kan vi utforske omsorgens gjensidige natur på tvers av generasjoner og utover foreldre-barn-dynamikken og inkludere flere samfunnsfeller, om ikke alle levende vesener, og til og med selve planeten? Kanskje kan vi det om vi bygger videre på det banebrytende arbeidet til feministiske kunstnere som synliggjorde moderlig arbeid og omsorg. Akkurat slik de revolusjonerte vår forståelse av morskap, trenger vi mer kunst som revolusjonerer vår tilnærming til andre som står overfor sårbare perioder i livet. Vi ønsker kunst som binder oss sammen, fordi behov og kjærlighet er det som gjør oss alle til mødre.

Multikunstner Grayson Perry lagde verket Memory Jar til separatutstillingen «Who Are We?» ved National Portrait Gallery i London. Den keramiske vasen er en gripende utforskning av individet i møte med demens. På vasens overflate ser man en rekke oppstykkede fotografier som dokumenterer Christopher og Veronica Devas' liv samt Christophers (daværende) kamp mot Alzheimers. Bildene er utvalgt med parets hjelp fra fotoalbumene deres og reprodusert i vasens glasur. Men en ond demon klipper dem i stykker med en saks. Alzheimers fremstilles som et kunst og håndverk-prosjekt som har gått skeis, illustrert med en dose svart humor. Verket er også en sjarmerende hyllest til parets kjærlighet før og nå og hvordan den kommer til uttrykk.

Perrys utstilling bød også på mange andre keramikkarbeider og objekter i ulike materialer der kunstneren samarbeidet med diverse andre personer for å gi dem styrke ved å la dem uttrykke seg om sin kamp med eget selvbilde, som for eksempel i sammenheng med diskriminering på grunnlag av funksjonsnedsettelser, klasse eller kjønn.

Den slags kunstnerisk utforskning burde vi bygge videre på.

For vi vet at om vi er heldige, eldes vi med god helse og blir fremtidige stjerner i denne utstillingen, som er i stadig endring.

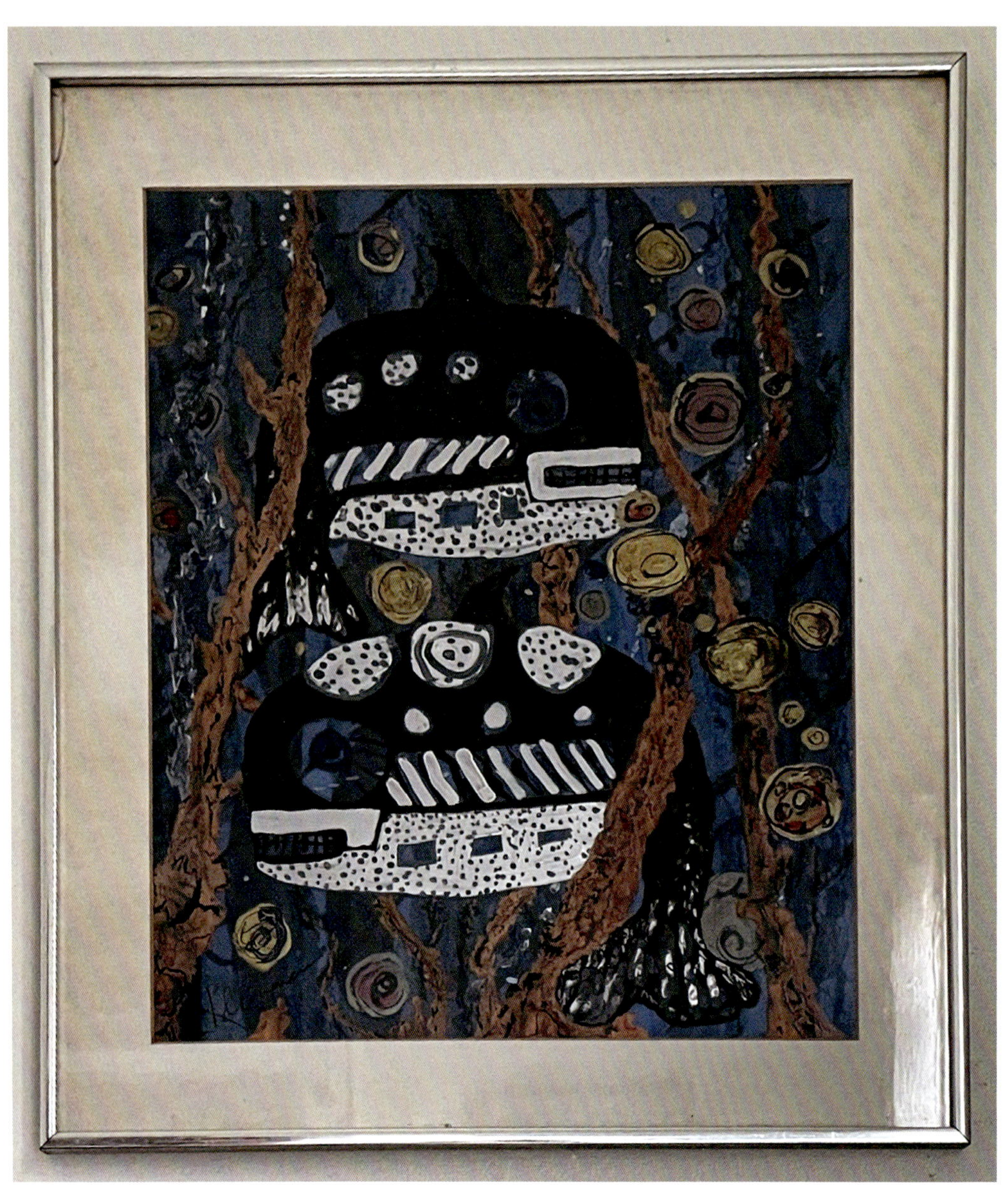

Elaine Kleinman, *Untitled*, ca. 1984.
Acrylic paint on x-ray film, 43×35 cm.

ANOTHER MOTHER

A personal essay on creation and care
By Adam Kleinman, director of Kunsthall Trondheim

A Landscape

Benedict Pond is a mere fifteen-minute drive from Great Barrington in Western Massachusetts. This vast bowl of water, framed by dense old-growth trees and drenched in dappled light, is pierced by various mountain streams. From there, a steep thirty-minute hike through the forests brings you to 'The Ledges,' an exposed mountain ridge of natural granite. There, where the earth meets the sky, sweeping views across the Taconic Mountains can be found.

But there is more to this landscape. To unpack its meaning, I would need to tell you about my mother, her memory, my father's fading recollections, and the evolving narrative between them and myself.

Crafting this essay for a perennial art exhibition themed *Mater* – Latin for *mother* – poses a unique challenge: I grew up without one. My mother died six days after my sixth birthday, her health having declined well before then. Stories told long after her death colour my few memories of her, and reflect just as much on the unreliability of memory as on identity itself.

My mother was diagnosed with an inoperable astrocytoma – a star-shaped and fatal brain tumour.

According to family lore, when I came crying with a skinned knee or similar childhood injury, she would calmly direct me to my father for comfort and care. In my father's telling, this was because she knew she wouldn't live long and wanted me to bond with him instead. This well-intentioned act, however logical, helped sever one connection to her. And yet, it created something else: a mythology.

Elaine (aka Maggie)

My mother was an artist who played the electric triangle and sang vocals in the Red Krayola, an avant-garde rock band led by Mayo Thompson. She was also a member of the Living Theatre, an experimental and anarchist company known for its aggressive approach to performance. The group influenced a generation of dramatists by utilising audience participation, nontraditional staging, and frequent improvisation to address social change, particularly the trials of the Vietnam War and the US Civil Rights Movement. They also established new stakes for art by developing an expanded role for art in society.

Elaine was also a painter, and I grew up surrounded by her artwork. One painting, still hanging in my room, features several sheets of dark ocean-blue X-rays of her tumours. Layered like animation cells, she overpainted images of her spiralling tumour into an underwater scene where the disease renders a forest of kelp through which stylised killer whales swim.

Shuttered away in a closet is a small bronze figure of a malformed human-like figure with its tongue out, as if in the throes of a seizure – its maker had many seizures. When I asked my father about its meaning, he explained that Elaine switched to sculpture so the

clay would record her declining motor skills as she tried to form a series of self-portraits while her condition ate away at her brain.
These stories also provoke a question: who was this person I'm supposed to call 'mother'?

David (aka Dave)

In recent years, my father's memory has rapidly declined due to Alzheimer's and dementia. The fact that something was wrong struck home in 2020. During our not-so-annual trip to the area, he couldn't remember 'The Ledges'. Fortunately, his brother could tell me the name of the place over the phone, something I never bothered to record. As my dad and I climbed to the heights again, his memory kicked in, triggered by the landscape, perhaps for one last time.
Upon 'The Ledges', my father broke down while searching for a tree that stands there. Here, he placed Elaine's ashes, about 30 years before, so that the mountain step would become one of her two tombstones – the other is a waterfalls a few minutes' drive away, which also holds her ashes. Dave then orated his fragmented memories of that fateful day and how a cop saved him from possible death during the depths of his despair on that quest.

My father then presented a curious metaphor.
Elaine was described as more of an idea than a person – a place so distant in time that she became akin to an 'ancient civilisation'. This notion led me to wonder: Am I an archaeologist attempting to decode her life through the artifacts she left behind and the stories people tell about her? The Latin word 'Mater' is also the root of the English word 'material', referring to the tangible remnants we leave in our wake.

My father's memory has almost completely faded now, and he cannot complete daily life tasks such as showering and eating by himself. As I moved to Norway and found bringing him with me too complex to manage, we decided to relocate him to an assisted living facility near 'The Ledges', hoping the land's etched memories could comfort him.
Two months before writing this text, during the summer holiday of 2024, Dave and I visited the waterfalls where the remainder of Elaine's ashes had been scattered.

Dave claimed he didn't know the place.
Upon entering the trail that leads up to the waterfall, my father suddenly couldn't walk. Perhaps he had become too frail, or maybe he was suffering a panic attack triggered by some profound and ineffable acknowledgment of where he was. Unable to hike the entire route, we stood on a bridge overlooking the river that flows over the falls as he collected his energy while complaining about the summer heat. Knowing we wouldn't make it to the falls, I grabbed his hat and climbed down to the river to gather its cold running waters. I returned to him and placed the soaked cap on his bald, hot head. Dave sighed in relief as he stared into the river, and I considered this new baptism a fitting communion with my mother's resting place.

Mothers and art

Depictions of motherhood in art have often used the idealized Madonna and Child motif. Usually, these images hold scenes of either nurture or concern and echo the ultimate agony of the child's death. However, my mother's artist contemporaries expanded upon the mother-as-metaphor trope to explore the realities and banalities of parenting through their own lived experience.

Mary Kelly, Mierle Laderman Ukeles, Susan Hiller, and Judy Chicago, to name just a few, drew attention to hitherto invisible subjects, particularly the hidden labor associated with caregiving and domestic work. Agnes Denes layered another powerful dimension by returning to the mother-metaphor to link environmental stewardship with traditionally feminine or maternal roles.

Humbly and with full respect to these powerful legacies, I wish to track a related but different course: that the role of mothering doesn't necessarily require a 'mother.'

Roles and tasks

For all his faults and shortcomings, my father raised me as a single parent.

Dave is also an artist. Shortly after my birth, he and his brother made a short slapstick comedy film called Kidtastrophe, I was the infant star. The premise was a role revisal. Elaine, a nurse by training, went to her day job, while Dave became the stay-at-home parent. As the title suggests, it was a complete disaster: banana peel-style slips on random loose toys led to spilled washing bins flooding the apartment floor, while overapplied baby powder built up a dense fog in which many more falls ensued. These scenes are all narrated by a talking parrot who took on the role of a back-seat dad. In the film, Dave calls in Lou, his brother, for help; they both continue to blunder. However, I smile and laugh it all off. In the final scene, Elaine returns, but not to save the day. As her initial frustration at the state of the apartment relaxes, she comforts (and forgives) Dave for his effort, seeing that I'm still laughing. Lou was the editor of the film, and Elaine animated the credits.

With his illness, Dave now turns to me and all my imperfections for help.

While most depictions of parenthood focus on raising children, perhaps it's also time to reverse this generational script as more and more people find themselves in the 'sandwich generation' juggling their children and parents simultaneously.

Paying homage to the radical innovation of the social-minded artists mentioned above, would it be efficacious to expand the idea of motherhood to encompass care for older persons who are often treated as dependent and without agency? What role can art play in humanizing these 'patients' and challenge the notion that they have no future?

Regardless of age, our family story is one of absence and presence as one mother leaves and another takes on the role. Art is the only constant.

Mothers beyond family

As our population ages and more families grapple with eldercare, we need an art that documents these changes, and imagines new paradigms of dignity. Or, said in another way, can we explore the reciprocal nature of care across generations to move beyond the immediate parent-child dynamic and include more members of society, if not all living beings, and even the earth itself? Perhaps we can do so by building upon the groundbreaking work of feminist artists who brought visibility to maternal labour and care. Just as they revolutionised our understanding of motherhood, we need more art that revolutionises our approach toward others at precious moments in their lives. We desire an art that touches each other because need and love are what make mothers of us all.

The transdisciplinary artist Grayson Perry created the Memory Jar for his solo exhibition 'Who Are We?' at The National Portrait Gallery in London. A work in ceramic, it offers a poignant exploration of personhood in the face of dementia. Covering its surface is a series of fragmented images documenting Christopher and Veronica Devas' life and Christopher's (then) current struggle with Alzheimer's. The images, selected with Christopher and Veronica from their photo albums, are reproduced in the jar's glaze; however, they are torn apart by a demonic spirit with scissors. It's Alzheimer's depicted as an arts and crafts project gone awry, drawn with a sly dash of dark humour. It is also an endearing testament to their historical and ongoing love and its expression.

Perry's exhibition also included several other ceramics and objects in different media, in which the artist worked with various other individuals to forge empowering statements of their struggles with self-image, including issues of ableism, class, and gender concerns.

We should push this kind of artistic inquiry further. Let's face it: If we're lucky, we'll all age well and become future stars in this unfolding exhibition.

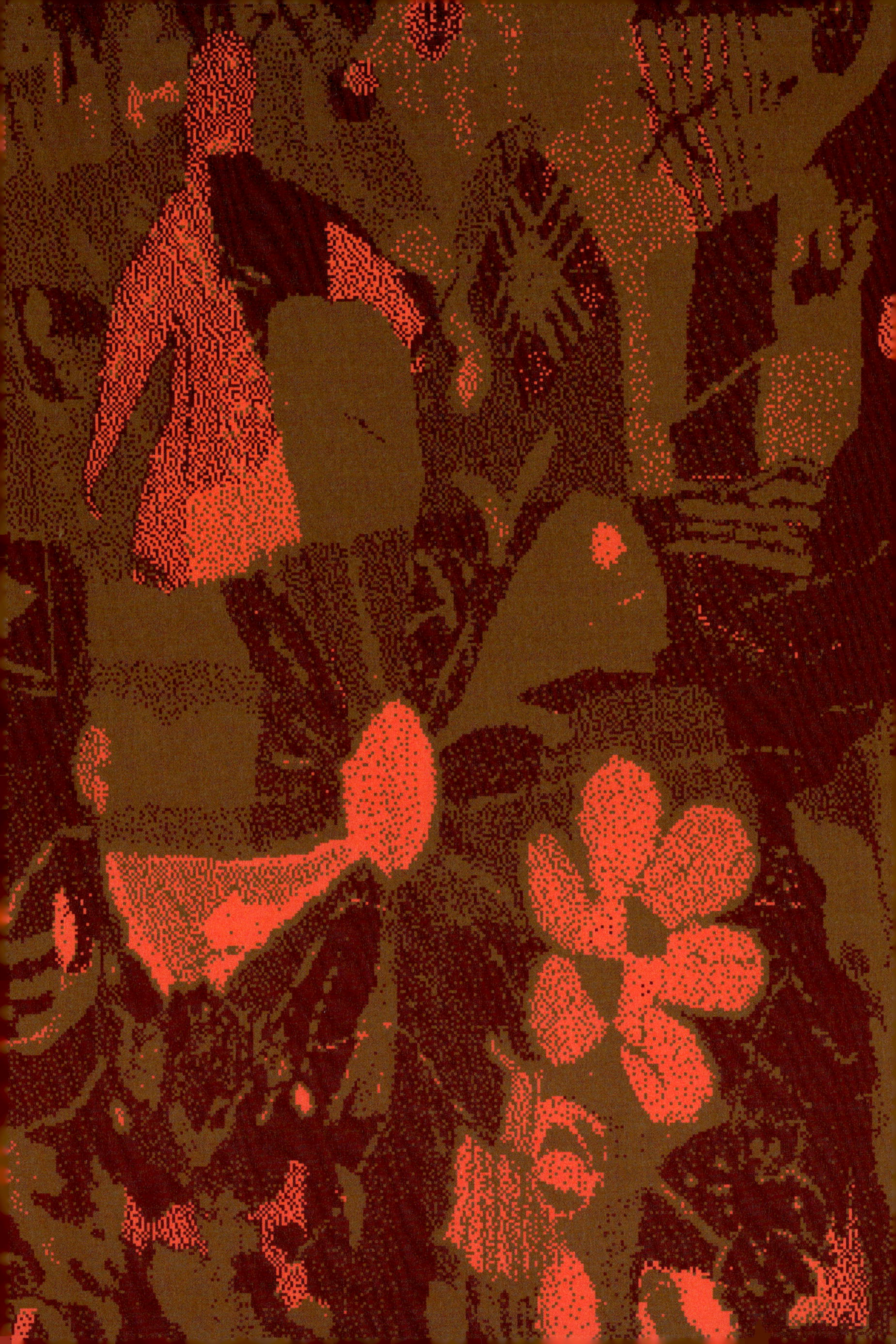

Galleri
Dropsfabrikken

Trådenes fortellinger/ Telling Threads

Kristine Fornes
Marthe Kampen

05.04
/ 25.05

TRÅDENES FORTELLINGER

Av Ragnhild Espenes, kurator ved Galleri Dropsfabrikken

Galleri Dropsfabrikken utforsker Hannah Ryggen-triennalens tema *Mater* i utstillingen «Trådens fortellinger» – en duo-utstilling med tekstilverker av Marthe Kampen og Kristine Fornes. Kampen og Fornes tilnærmer seg tekstilkunsten på individuelle og særpregede måter. De arbeider med distinkte teknikker og metoder, men felles for dem begge er at de vender seg til tekstiltradisjonen, enten i en bredere kulturell forstand eller på et mer personlig plan, og lar dette danne utgangspunkt for sine verker. De viderefører tradisjonen, samtidig som de revitaliserer den. Fargeteknikker, nålen og tråden og en utvidet tilnærming til broderi er Fornes sin uttrykksform. Kampen utforsker den tradisjonelle Smyrna-teknikkens estetiske potensial og konverterer dens opprinnelige bruksfunksjon til dynamiske og ofte monumentale tekstile verk. I dialog med hverandre vever verkene til Kampen og Fornes sammen intrikate tekstile narrativer som fører oss gjennom mellommenneskelige, kulturelle og historiske temaer.

Marthe Kampen: Intensjonens kraft i tekstile verk

Marthe Kampen trer inn i utstillingen med verk som har en dyp forbindelse til hennes personlige og kulturelle arv. Kampen er bosatt på sin slektsgård i Eidskog kommune, helt sør i Finnskogen – en region kjent for sin skogfinske kulturarv. Finnene, som innvandret på 1600- og 1700-tallet, brakte med seg en sjamanistisk naturtro som inkluderte bruk av magiske symboler for å beskytte seg mot onde krefter. Disse symbolene, ofte risset inn på bygninger, var ikke magiske i seg selv, men ble tilført kraft gjennom den intensjonen og handlingen som lå bak. Dette prinsippet, at det er intensjonen i prosessen som skaper noe magisk, er sentralt i Kampens kunstnerskap.

Kampen uteksaminerte med mastergrad i billedkunst fra Kunsthøgskolen i Oslo i 2012 med fordypning i grafikk. Høsten 2019, tidlig 2020, tok hennes kunstnerskap en ny vending. Hun hadde nettopp blitt mor for andre gang, verden sto på terskelen til en pandemi, og hun hadde fullført en monumental utsmykning sammen med mannen sin, Johannes Borchgrevink Hansen, et veggmaleri ved Veterinærinstituttet på Ås. Med små barn hjemme og en ny hverdag foran seg, begynte hun å lete etter et kunstnerisk medium som lettere kunne forenes med morsrollen – et klassisk dilemma mange kvinnelige kunstnere har stått overfor gjennom historien. Hun ønsket et arbeid som kunne utføres i små øyeblikk av stillhet i hjemmet, fritt for kjemikalier, og forankret i lokal kunnskap og inspirasjon. Svaret ble å utvide repertoaret av pastell, tresnitt og maleri med tekstil. Denne tilnærmingen tillot henne å opprettholde sin kunstneriske praksis samtidig som hun kunne være til stede for sin familie. Kampen er oppvokst med kvinner som har sydd, vevd, strikket, heklet og brodert, så det å integrere tekstil som kunstnerisk medium i sitt kunstnerskap lå helt naturlig for henne.

Kampens tekstile verker er utført med Danellanål, en dansk oppfinnelse fra begynnelsen av 1900 tallet, ment for produksjon av gulvtepper inspirert av intrikate teppedesign fra Østen. Teknikken heter Smyrna, og er lik teknikken tufting. Metoden gir henne frihet til å “tegne” med tråd i alle retninger, enten hun starter fra bunnen, midten, eller sidene, slik at streken blir som fra en blyant eller pensel. Hun ser kun 50 x 40 cm av teppet hun arbeider med om gangen, og i motsetning til billedvev, som er mye strengere i oppbygning og teknikk, gir denne halvautomatiske tufteteknikken henne mulighet til å endre motivplanen underveis. Dette gir rom for spontanitet slik at noe uventet kan oppstå, og spenningen i arbeidet opprettholdes gjennom hele prosessen.

Kampen søker å bevare en nerve og tilstedeværelse i arbeidet, noe som gir teppene en særlig intensitet når de er ferdige. Hun tillater seg å ha det gøy, leke, og å følge intuisjon og assosiasjoner, noe som bidrar til at de ferdige verkene blir energiske og preget av overskudd. Dette gjenspeiles i hennes materialvalg, som inkluderer ull, silke, strie, fløyel, akryltråd, samt perler i både plast og glass. Disse ulike materialene smelter sammen til rike og komplekse komposisjoner som gir teppene et helt særegent uttrykk, med sterke farger og materialvirkninger.

I sine tekstile arbeider henter Kampen inspirasjon fra norsk folkekunst, skogfinsk kulturarv, samtidens kaotiske nyhetsbilde og universelle symboler. Hennes første tekstile verk, *Apotropaion* (2020–22), illustrerer nettopp dette. Her tar kunstneren utgangspunkt i gamle ladede symboler som kan ha en beskyttende betydning. Sirkelen, korset og kvadratet er elementer som går igjen, der sirkelen symboliserer livets kretsløp og det uendelige, korset står for beskyttelse og vern, og kvadratet symboliserer et avgrenset område – i denne kontekst hjemmet. Disse elementene veves sammen til sammensatte komposisjoner i et forsøk på å verne om det kjære og sårbare.

Håp, som Kampen ser på som en menneskelig superkraft, er en sentral drivkraft i hennes arbeid. Gjennom skapelsen av teppene får hun muligheten til å utøve en fysisk handling generert av håp. Som både mor og kunstner bærer hun med seg håpet om en bedre fremtid, både i livet og i arbeidene sine. Hun mener at tankene må materialiseres for å kunne bety noe for andre enn henne selv. Kunstnerskapet hennes handler om å skape visuelt uttrykksfulle verk som vekker noe genuint, både hos henne selv og hos andre.

For Kampen er arbeidet med de tekstile teppene en form for magisk handling, der verket får en særlig kraft gjennom den intensjonen og energien hun legger i utførelsen. Hennes arbeider er fylt med symboler som knytter samtiden til fortidens ritualer og tro, der både teknikkene og symbolene får ny betydning gjennom kunstnerens personlige tilnærming og tolkning. For utstillingen «Trådens fortellinger» vil Kampen produsere et monumentalt teppe i en lysende palett i et forsøk på å overstråle en mørkere verden.

Kristine Fornes og den historiske Silkeveien

Når Kristine Fornes bidrar til «Trådenes fortellinger» bringer hun med seg en rik og mangfoldig tilnærming til tekstilkunst dypt forankret i historiske tradisjoner. Hun vender seg til tekstilhistoriens verdensomspennende arv og tar i bruk materialer og teknikker som har vært i bruk i århundrer. Fornes er utdannet ved kunsthøgskolene i Oslo og Bergen (1993–99) med tekstil som hovedfag. Hun har i mange år utforsket broderiet som uttrykksform, og utfordrer ofte konvensjonelle oppfatninger av hva broderi kan være. I utstillingen syr Fornes sammen en fortelling som spenner over kontinenter, kulturer og tidsepoker, med inspirasjon fra en av verdens mest myteomspunne handelsruter: Silkeveien.

Silkeveien, et navn som umiddelbart fremkaller bilder av karavaner lastet med eksotiske varer som silkestoffer, krydder og sjeldne farger, danner den tematiske kjernen i Fornes' arbeid. Denne eldgamle handelsruten, som strakte seg over tre kontinenter og bandt sammen Asia, Europa og Afrika, var mer enn bare en vei for materiell handel. Den var et nettverk av kulturell utveksling hvor ideer, religioner, kunnskap og fortellinger vandret på tvers av landegrenser, og som hadde stor innvirkning på de samhandlende kulturer. I Fornes' verk blir vi minnet om den intrikate kulturelle utvekslingen som foregikk mellom tidligere kulturer, hvor tekstilene spilte en sentral rolle. Materialene hun bruker i sine kunstverk – damaskstoffer i lin og bomull, samt tråder av silke og ull – har alle vandret den historiske Silkeveien.

I sitt atelier dykker Fornes dypt ned i tekstilenes opprinnelse og sporer fargeteknikkenes opphav. To hesper tussahsilke, farget for hånd med plantene indigo og krapp i den indiske byen Bagru, fant veien til kunstnerens atelier gjennom en venn som tok med seg disse fra en reise. Dette ble starten på den kunstneriske utforskningen. Hun begynte å spore fargenes kilder – hva består de av, hva er deres opprinnelse og betydning? Blokktrykk og farging med indigo og krapp er teknikker som har vært anvendt i tekstilproduksjon i tusenvis av år. Fornes tar dem i bruk som en kunstnerisk strategi for å gjenoppdage og revitalisere de gamle håndverkstradisjonene. På denne måten gir hun nytt liv til fortellingene som disse materialene og teknikkene bærer med seg.

De kunstneriske prosessene i Fornes' verk speiler hennes forståelse av, og evne til å formidle, de mange lagene i tekstilhistorien, og hvordan tekstile materialer og teknikker har iboende kvaliteter som kommuniserer en historie. I «Trådenes Fortellinger» representerer Fornes' arbeider en bro mellom fortid og nåtid, der hun gjennom nålen og trådens kraft bygger broer mellom tidsepoker og kulturer. De tekstile verkene hun skaper fungerer ikke utelukkende som en videreføring av de historiske tradisjoner som inngår i dem, men formidler også nye historier, forankret i vår samtid. Et eksempel på dette kan man se i verket *Dagbok fra en innbygger* (2024), der kunstneren har brodert en gjengivelse av et drivhus i et palestinsk jordbrukslandskap. Hun har latt nålen bli igjen i verket, med tråder i fargene fra det palestinske flagget hengende ned. Verket formidler en historie om et miljø som er i ferd med å forsvinne. Motivet er brodert på ullstoff som har fått avtrykk fra planter etter mange timers dampbehandling, noe som gir stoffet en subtil uro. Med dette viser kunstneren hvordan hun bruker tekstilenes egen historie som en integrert del av fortellingen hun formidler, samtidig som de reflekterer over dagsaktuelle temaer.

I triennalens kontekst, der *Mater* fungerer som et overordnet tema, står Kampen og Fornes' arbeider som en betydningsfull påminnelse om at samtidens kunst både er en fortsettelse av, samt en kritisk refleksjon av, en arv videreført og forfinet gjennom kulturell utveksling og individuell kreativitet gjennom generasjoner. Tråder av fortid og nåtid veves sammen i en kontinuerlig dialog og gir oss en mulighet til å reflektere over vår egen forbindelse til den arv som har vært med på å forme vår identitet og forståelse av verden. Gjennom deres verk blir vi invitert til å undersøke hvordan tradisjon, håndverk og symboler fortsatt påvirker og gir dybde til vår kollektive og personlige historie.

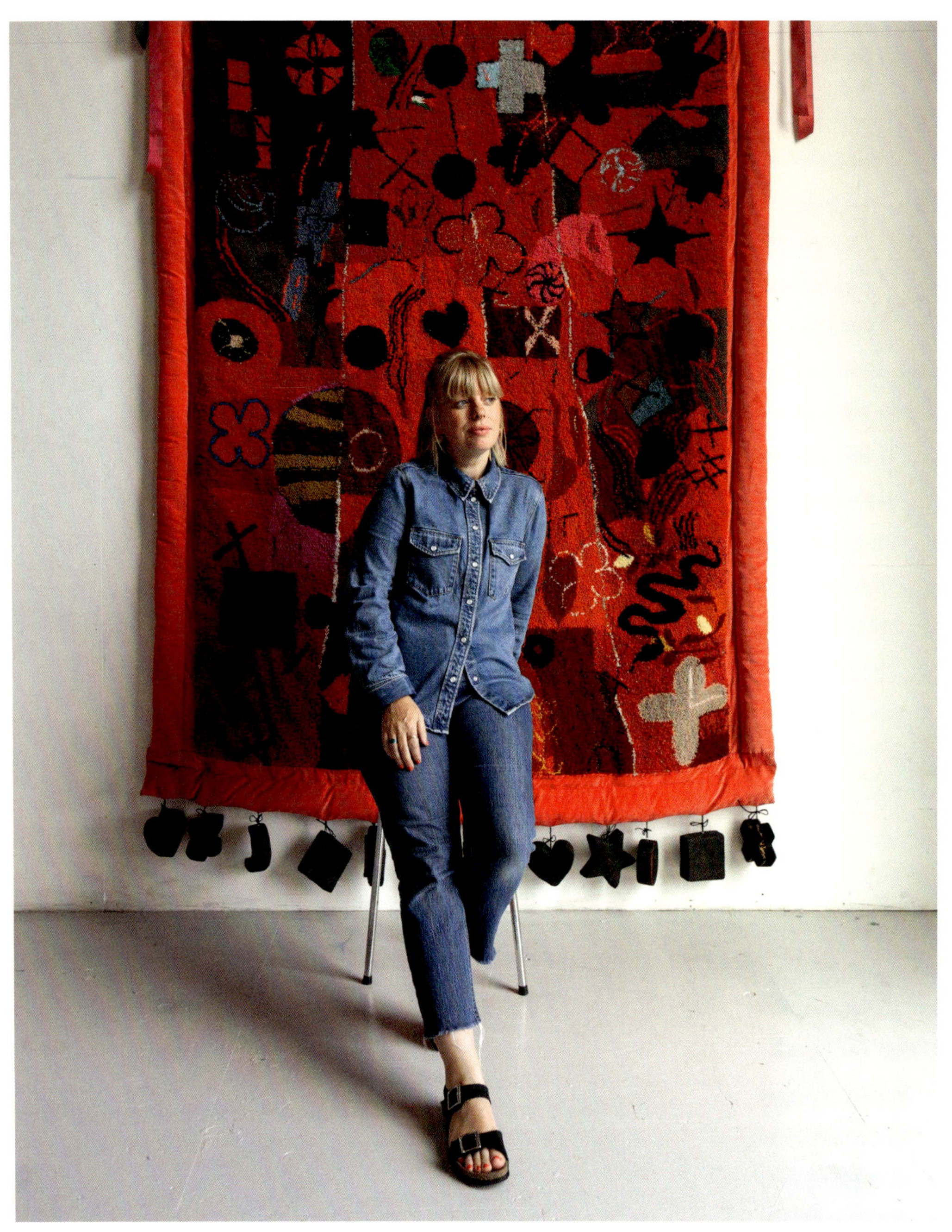

Marthe Kampen with *Apotropaion*, 2020–22.
Wool, hessian, acrylic glitter, velvet, silk band,
burnt wood, 280×140 cm.

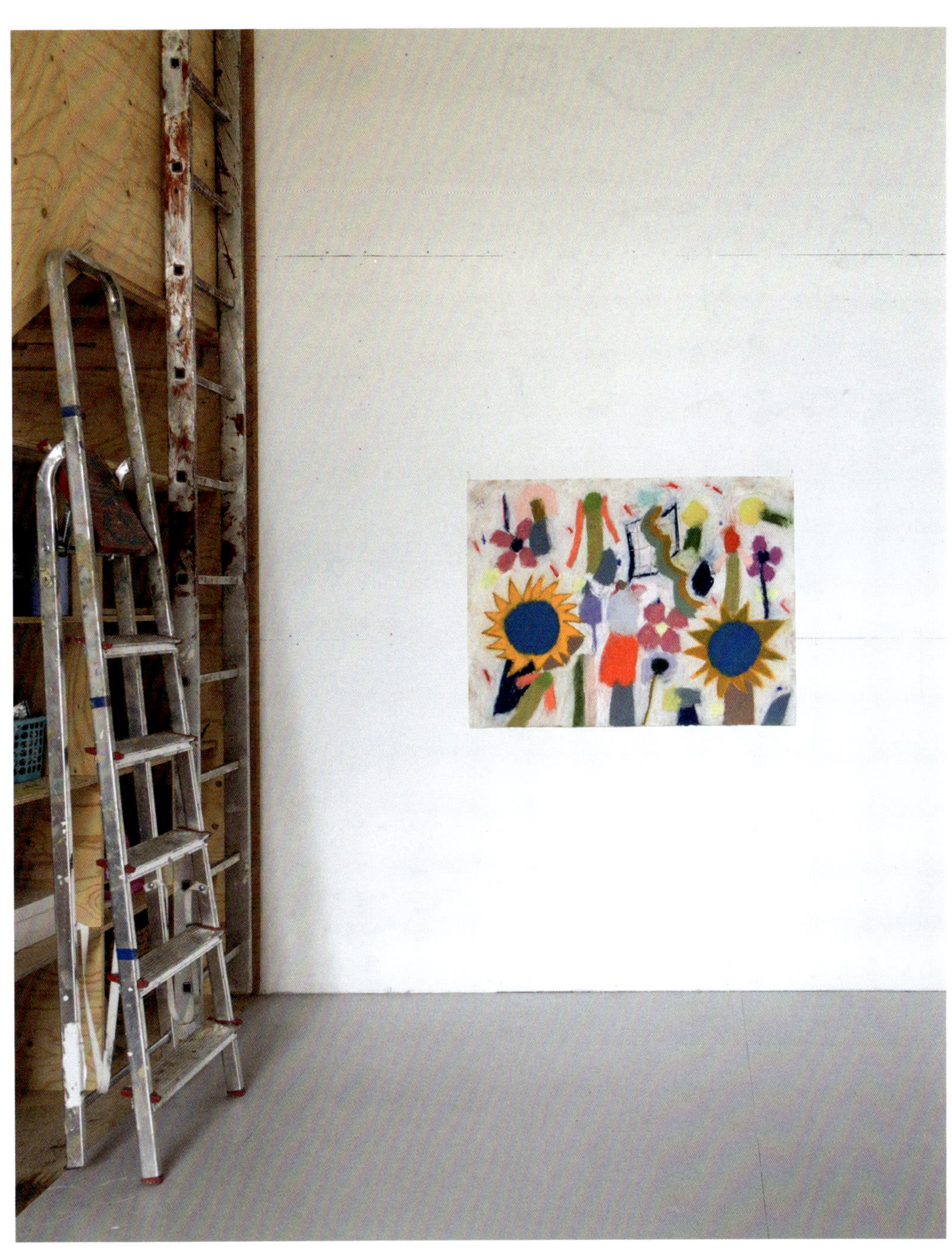

Marthe Kampen, *Tvi det mørket du omgis* (*Brave the Darkness That Surrounds You*), 2024.
Pastel on paper, 89×117 cm.

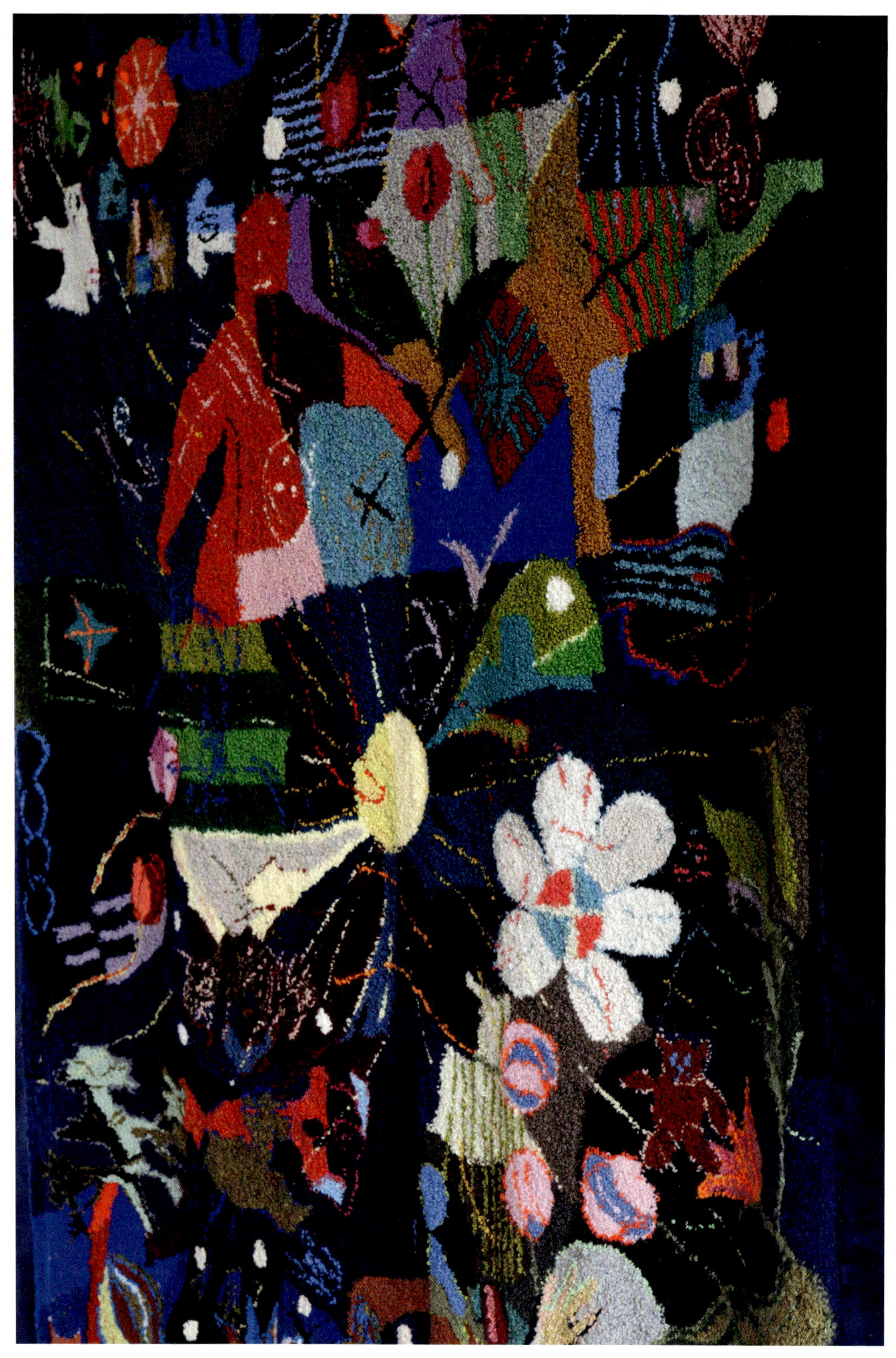

Marthe Kampen, *For alle de dagene som ikke skal komme igjen II* (*For All the Days That Won't Come Again II*), 2020–22 (detail). Wool, jute, velvet, 240×150 cm.

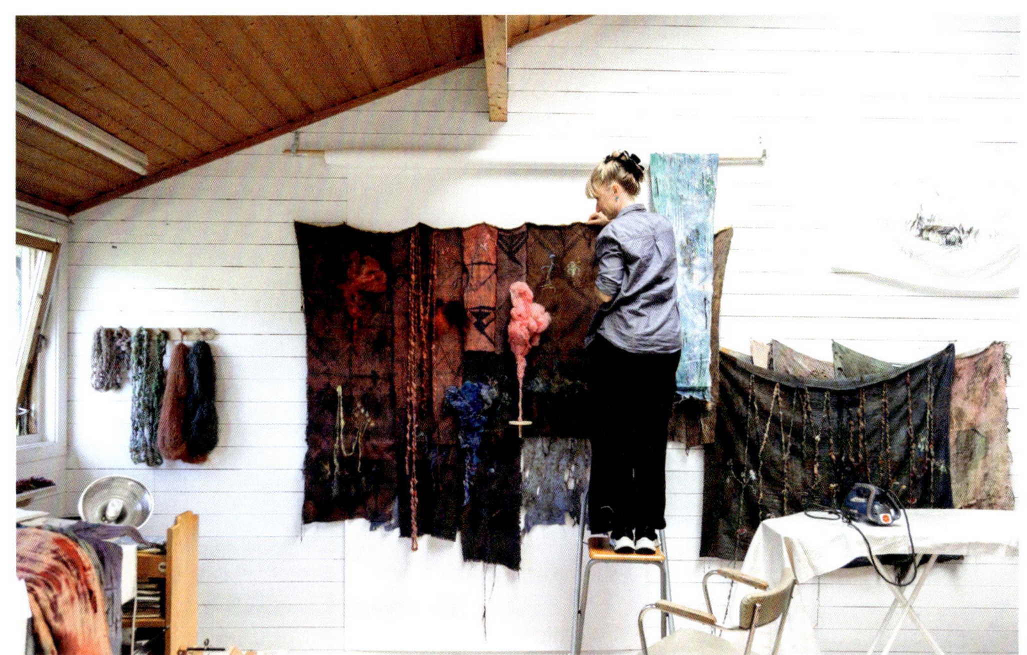

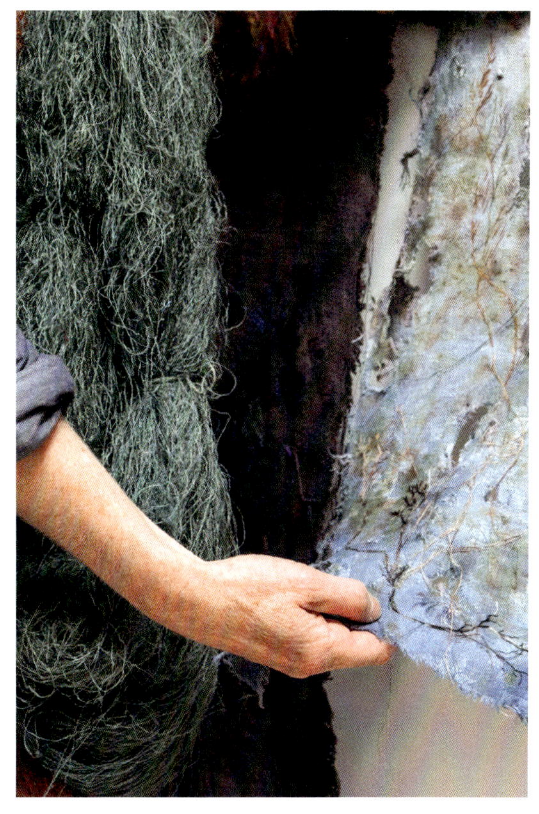

Kristine Fornes with two skeins of Tussah silk and the silk embroidery *16 planter og et terapeutisk dyr* (*16 Plants and One Therapeutic Animal*), 2024.

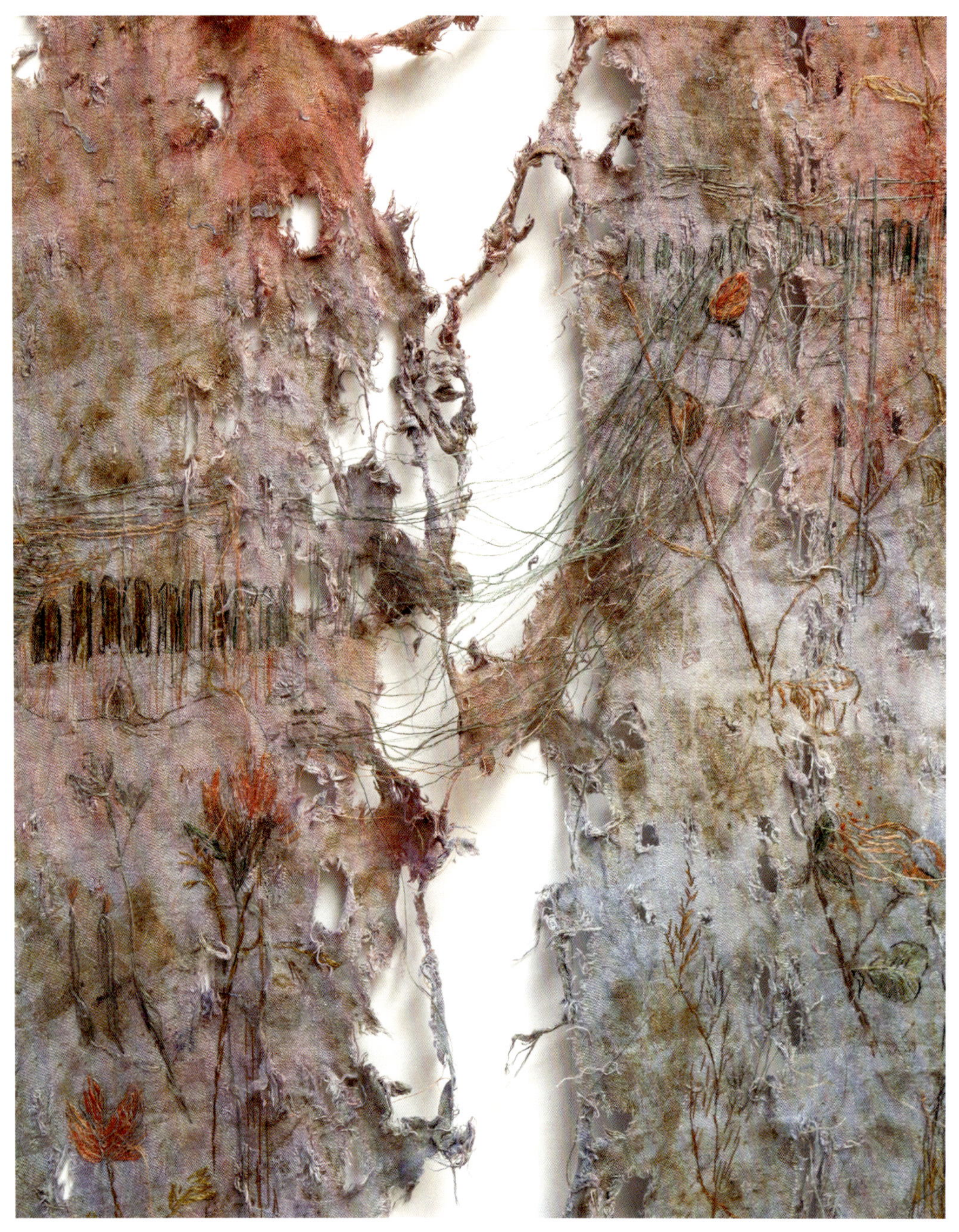

Kristine Fornes, *16 planter og et terapeutisk dyr* (*16 Plants and One Therapeutic Animal*) (detail), 2024. Silk embroidery on dyed linen and cotton damask, 100×115 cm.

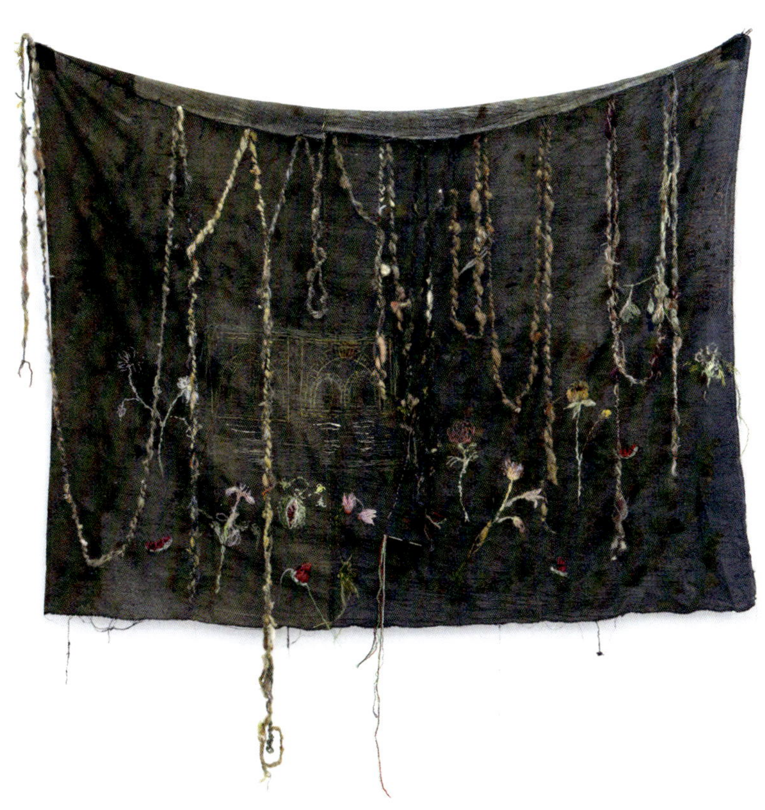

Kristine Fornes, *Dagbok fra en innbygger* (*Diary of a Citizen*), 2024. Wool embroidery, 130×95 cm.

TELLING THREADS

By Ragnhild Espenes, curator at Galleri Dropsfabrikken

Galleri Dropsfabrikken explores the Hannah Ryggen Triennale theme of *Mater* in the exhibition 'Trådens fortellinger' (Telling Threads) – featuring textile works by artists Marthe Kampen and Kristine Fornes. Kampen and Fornes each have their own individual and singular approach to textile art. They both employ distinct techniques and methods, but what they have in common is that they turn to textile traditions, be it in a wider cultural sense or on a more personal level, and make this the foundation for their work. They carry on tradition, but they also revitalise it. Dyeing techniques, the needle and the thread, and a broader approach to embroidery is Fornes's form of expression. Kampen explores the aesthetic potential of the traditional Smyrna technique and translates its original usage into dynamic and often monumental textile works. A dialogue emerges between the two artists' works, creating a weave of intricate textile narratives that take us on a journey through interpersonal, cultural and historical themes.

Marthe Kampen: The power of intention in textile works

Marthe Kampen's works are deeply connected to her personal and cultural heritage. Kampen lives on her family farm in Eidskog municipality, far south in Finnskogen – a region known for its Forest Finn cultural heritage. The Finns, who immigrated in the 17th and 18th centuries, brought with them shamanistic nature worship that included the use of magical symbols to protect themselves from evil forces. These symbols, often carved into buildings, were not magic per se, but were given power through the intention and action inherent in their creation. This principle, that it is the intention behind the process that creates magic, is central to Kampen's artistic practice.

Kampen graduated with an MFA from Oslo Academy of the Arts in 2012, specialising in printmaking. In late 2019, early 2020, her artistic practice took a different turn. She had recently given birth to her second child, the world stood at the threshold of a global pandemic, and she had recently completed a monumental public art commission with her husband, Johannes Borchgrevink Hansen, a mural at the Norwegian Veterinarian Institute at Ås. Having young children at home and facing a different daily life, she went on a quest to find an artistic medium that she could more easily combine with motherhood – a typical dilemma that female artists have had to face throughout history. She wanted a type of work that could be done during the few moments of tranquillity at home, free from chemicals, and rooted in local knowledge and inspiration. The solution was to expand her repertoire of pastels, woodcuts and painting to include textiles. This approach allowed her to continue her artistic practice and still be present for her family. Kampen grew up around women who were sewing, weaving, knitting, crocheting and embroidering, so integrating textiles as an artistic medium into her practice felt like a perfectly natural thing to do.

Kampen's textile works are made using a Danella needle, an early 20th century Danish invention for producing rugs inspired by intricate rug designs from the East. The technique is called Smyrna and is similar to tufting. This method allows her the freedom to 'draw' with the thread in any direction, whether she starts from the bottom, the middle or the sides, creating a line similar to that of a pencil or a brush. She can only see a 50 x 40 cm section of the rug she is working on at any one time, and unlike a tapestry, which must adhere to strict rules for build and technique, this semi-automated tufting technique allows her to change her design as she goes along. This opens up for spontaneity and unexpected turns, and the tension in the work is maintained throughout the process, from start to finish.

Kampen wants to keep a nerve and a presence in her works, which results in a certain intensity once they are done. She allows herself to have fun and play, and to follow her intuition and associations, which helps to give the finished works a sense of energy and excess.

This is reflected in her choice of materials, which includes wool, silk, burlap, velvet, acrylic thread, and beads, which may be either plastic or glass. These diverse materials meld together into rich and complex compositions that give the rugs a unique style, featuring bold colours and material effects.

In her textile works, Kampen draws inspiration from Norwegian folk art, Forest Finn cultural heritage, the chaotic current affairs of our time and universal symbols. Her first textile work, *Apotropaion* (2020–22), is a good example. This work is based on old, loaded symbols that may signify protection. The circle, the cross, and the square are recurring elements: the circle symbolising the circle of life and infinity, the cross symbolising protection and defence, and the square symbolising a limited space – in this context the home. These elements are woven together into complex compositions in an attempt to defend the precious and vulnerable.

Hope, which Kampen views as a human superpower, is a central driving force in her work. The creation of the rugs is an opportunity for her to perform a physical action generated by hope. As both a mother and an artist, she carries with her hope for a better future, both in her life and in her works. She is of the opinion that these thoughts must be materialised in order to mean something to anyone but herself. The core of her artistic practice is to create visually expressive works that evoke something genuine, both in herself and in others.

To Kampen, working with these rugs is a form of magical event, in which the works take on a special power through the intention and energy she puts into their creation. Her works are filled with symbols that connect the present to the rituals and beliefs of the past, giving both the techniques and the symbols new meaning through the artist's personal approach and interpretation. For the exhibition 'Trådenes fortellinger', Kampen will produce a monumental rug in a bright colour palette, as an attempt to brighten up a darker world.

Kristine Fornes and the historical Silk Road

With her contribution to 'Trådenes fortellinger', Kristine Fornes brings a rich and diverse approach to textile art, deeply rooted in historical traditions. She turns to the global heritage of textile history, using materials and techniques that have been used for centuries. Fornes studied textiles at the art academies in Oslo and Bergen (1993–99), and for years, she has been exploring embroidery as a medium of expression, often challenging conventional ideas of what embroidery can be. In this exhibition, Fornes stitches together a story that spans continents, cultures and epochs, drawing inspiration from one of the most fabled trade routes in the world: The Silk Road.

The Silk Road, a name that immediately conjures up images of caravans loaded with exotic goods such as silk fabrics, spices and rare dyes, makes up the thematic core of Fornes's work. This ancient trade route, which spanned three continents and connected Asia, Europe and Africa, was more than simply a route for trading material goods. It was also a network for cultural exchanges, where ideas, religion, knowledge and stories traversed national borders and had tremendous impact on the interacting cultures. Fornes's works remind us of the complex cultural exchange that went on between ancient civilisations, in which textiles played a central part. The materials she uses in her artworks – damask fabrics made from linen and cotton, threads made from silk and wool – have all been travelling on the historical Silk Road.

In her studio, Fornes takes a deep dive into the origin of textiles and traces the provenance of their dyeing technique. Two skeins of Tussah silk, hand-dyed with indigo and madder in the Indian town of Bagru, found their way to the artist's studio through a friend who brought them back from a journey. This became the starting point for her artistic exploration. She started by tracing the sources of the dyes – what are they made from, where did they come from and what do they signify? Block printing and dyeing with indigo and madder are techniques that have been used in textile production for thousands of years. Fornes utilises them as an artistic strategy in order to rediscover and revitalise these old craft traditions, thus giving a new lease on life to the stories that these materials and techniques carry with them.

The artistic processes in Fornes's work reflect her understanding of, and her ability to relay the many layers of textile history, and how textile materials and techniques have innate qualities that communicate a story. In 'Trådenes fortellinger', Fornes's works represent a bridge between the past and the present; using the power of the thread and the needle, she links different epochs and cultures together. The textile works she creates are not only passing on the historical traditions that are incorporated in them, but also tell new stories rooted in our present day. This is exemplified in the work *Dagbok fra en innbygger* (Diary of a citizen) from 2024, in which the artist has embroidered a rendition of a greenhouse in a Palestine agricultural landscape. She has left the needle sitting in the work, with threads in the colours of the Palestinian flag hanging from it. The work tells a story of an environment that is disappearing. The motif has been embroidered onto a wool fabric that bears imprints from plants following several hours of steam treatment, giving it a subtle dissonance. Here, the artist demonstrates how she lets the textiles' histories become an integrated part of the story she is telling, while simultaneously reflecting over current issues.

In the context of the Triennale, in which *Mater* is the overarching theme, the works of Kampen and Fornes serve as a meaningful reminder that contemporary art is both a continuation and a critical reflection of a heritage that has been passed on and refined through cultural exchange and individual creativity through generations. Threads of the past and the present are woven together in a continuous dialogue and allow us to reflect upon our own connection to this heritage that has played part in shaping our identity and understanding of the world. Through their works, we are invited to investigate how tradition, craft and symbols still provide influence and depth to our collective and personal stories.

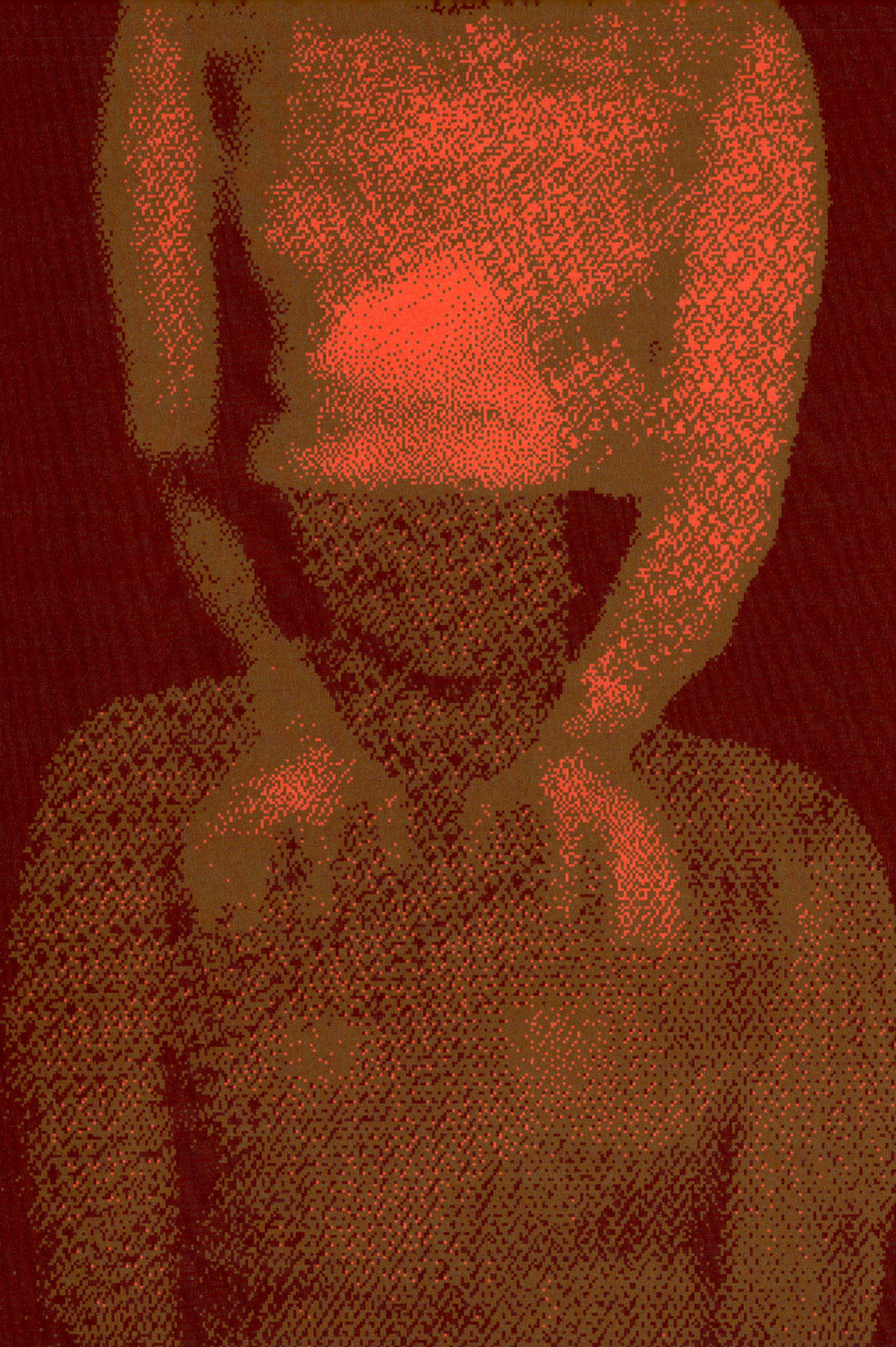

Trondheim
kunstmuseum

Passing Motherhood

Aline Motta
Athena Farrokhzad
Basma Al-Sharif
Elise Storsveen
Gitte, Lisbeth and Maritea Dæhlin
Guttormsgaard's Archive
Hannah Ryggen
Käthe Kollwitz
Louise Bourgeois
Marin Shamov
Nils Aas
Sheba Chhachhi and Sonja Jabbar
Thora Dolven Balke
Veslemøy Lilleengen
Unknown Authors

04.04
/ 31.08

TILBAKEVENDENDE SANSER: PASSERENDE MODERSKAP

Av Yaniya Mikhalina, kunstner, forsker og medkurator for Trondheim kunstmuseums triennaleutstilling

Det var en gang en urmor. Hun hadde fullstendig kontroll over døtrene sine og lot dem ikke innlede kjærlighetsforhold av noe slag. En dag gikk døtrene sammen om å drepe moren, og stykket opp liket i biter. Døtrene spiste en bit hver, og således ble morens ånd en del av dem. Siden da har hvert eneste menneske på jorden båret på en nedarvet skyldfølelse i søken etter andre former for kjærlighet, et desperat forsøk på å skille oss fra den vi en gang var ett med.

Dette er en nedkortet versjon av en fabel som forklarer hvordan vår moderne sivilisasjon ble til ifølge Freud, omskrevet fra et kvinnelig perspektiv. Freuds opprinnelige versjon sto på trykk første gang i essaysamlingen *Totem og tabu* (1913, oversatt til norsk 2013). I denne versjonen sporet forfatteren, i takt med samtidens koloniale rammeverk, en lov som gjelder hos alle kulturer – en moderlig lov; starten på det komplekse og sammensatte forholdet mellom kjærlighet og hat som vi senere tar med oss ut i verden. Jacques Lacan, en annen mannlig europeisk tenker fra forrige århundre, beskrev senere dette motsetningsforholdet mellom de to følelsene med nyordet *hainamoration*, eller *kjærlighet (som jeg hater)*.

Morsrollen er tøff, uansett hvilken form den tar: morsrollen kan ikke generaliseres. Den tar ikke bare mange ulike former, men disse kan heller ikke sammenlignes. Å prøve å snevre inn hva morsrollen er ville medføre ekskludering, så når vi har drøftet mulige retninger for utstillingen – inkludering av andre mødre, døtre, landskap, moderland, morsmål, indre mødre, «mothernism» – var det i viten om at det er umulig å representere alle. Likevel mener vi at mødre ikke skal måtte stå alene: å være mor betyr også å vise solidaritet med andre mødre, og med de som i dagens geopolitiske og ekstravistiske landskap nektes retten til å bli mor – eller retten til ikke å bli en, noe som også har et eget spektrum. Hvordan morsrollen distribueres, representeres og artikuleres ser ikke likedan ut for alle, og speiler verdens juridisk-politiske hierarki.

Det tar rundt ni måneder å bære frem et barn. Det er en hverdagslig alkymi, en ofte oversett verdighet i det å formes ut av tomrommet inne i en varm, trang livmor som man siden ikke husker noe av. Her inne dannes sansene våre: muligheten til å høre, berøre, se, lukte, smake. Når vi vokser opp, blir sansene fra dette halvferdige stadiet satt sammen til et ansikt, en kropp, en verden. Ethvert menneske former sine personlige forhold mellom disse sansene som vi alle har, men ikke deler. I en krisesituasjon kan den skjøre balansen mellom sansene kollapse, for midlertidig å ta oss tilbake til et trygt univers med uferdige deler.

Mødre har tenner, en stemme, hender og iblant en livmor. Den ytre delen av livmoren kalles mormunnen. Det er et språklig vitnesbyrd om at morens anatomi endres av fødselen og gir ny mening til konseptet om muntlig overlevering av historier. Vårt håp for utstillingen er å anerkjenne morsrollen som en form for historie, men idet tusener av palestinske mødre blir drept, føles dette arbeidet fånyttes. Samtidig er det del av en kamp som aldri tar slutt: kampen om verdighet, anerkjennelse, solidaritet og forsøk på å støtte den kompliserte prosessen det er å utvanne følelsene av kjærlighet og hat som først rettes mot morsfiguren, så videre ut mot verden. Idéen om morsrollen som en form for omsorg, som ofte brukes i diskurs som søker å privatisere og avpolitisere morsrollen, går hånd i hånd med en idé om morsrollen som en form for omsorg for kampen som utkjempes, en omsorg for verden. Ikke minst er dette en kamp innen estetikkfeltet, og muséer blir ofte sett på som steder for å nyte avbildninger av morsrollen, heller enn å tenke nytt rundt den og engasjere seg i den.

Gjennom Hannah Ryggen-triennalen plasseres arbeidet til Hannah Ryggen, en kunstner som mesterlig tok pulsen på sin samtid og sin egen uttrykksform, i nåtiden. Morsrollen er ikke bare et tema, men en tilstand som på ulike vis veves inn i alle aspekter av livet. På lignende vis er veven et vindu ut mot verden, farget av langsomt, nennsomt arbeid som i seg selv skaper en egen verden. Ryggens verk *Grini* (1945), som sjelden stilles ut fordi det er så skjørt, skulle bli det som farget konseptet for utstillingsarbeidet ved Trondheim kunstmuseum: å trekke sammenhenger mellom historieformidling og affekt formet av vår kulturelle bakgrunn gjennom trådene og hendene vi har til rådighet. Heller enn å bestemme et konsept for utstillingen på forhånd, valgte Marianne Zamecznik og jeg som kuratorer å ta ett steg av gangen og la konseptet utvikle seg på en mer organisk måte, gjennom møter, funn og muligheter, samt fastsatte rammer for tid og budsjett.

Med denne utstillingen inviterer vi alle til å feire, sørge, respektere, kritisere og støtte mødre, tross våre ulike tanker og erfaringer rundt morsrollen. Vi har rett til og ansvar for å formidle vår egen forståelse av virkeligheten som møter oss etter tomrommet, samme hvor slitne vi er. I likhet med en fødsel kan ikke morsarbeidet settes på vent – det må passeres.

RETURNING SENSES: PASSING MOTHERHOOD

By Yaniya Mikhalina, artist-researcher and co-curator of the HRT-exhibition at Trondheim kunstmuseum

Once upon a time, there was a primordial mother. She undividedly controlled her daughters and didn't allow them to enter love relationships of any kind. One day, the daughters united to kill their mother, cut her corpse into pieces, and each ate one, incorporating the law of the mother inside. Since then, every human being on Earth carries a part of that constitutive guilt committed in search of other forms of love, in the desperate gesture of separation from the one we once were undifferentiated with.

This is a brief remake of a fable that attempts to trace the origins of modern civilisation according to Freud, rewritten from a feminised perspective. Freud's original version first appeared in the collection of essays *Totem and Taboo* (1913), where the author, in accordance with the colonial frameworks of his time, was tracing the law that traverses cultures – that is, the maternal law; the beginnings of confluenced, concurrent love and hatred that later find their ways to part into the world. Jacques Lacan, another male European thinker from the previous century, would later coin this contradictory feeling through neologism *hainamoration*, or *love (whom I hate)*.

Motherhood is hardcore, or hard at its core, no matter what form of motherhood one finds themselves in: the state of motherhood cannot be generalised; it's not just diverse, but different and incomparable. Any attempt to essentialise it would inevitably lead to exclusion, so our continuous conversation about possible directions for the exhibition – with other mothers, daughters, landscapes, motherlands, mother tongues, inner mothers, mothernisms – is always processed through the fundamental impossibility of full representation. Yet there is believe that mothers should not be alone: being a mother also means standing in solidarity with other mothers, and with those who, in the current geopolitical extractivist landscape, are refused the right to be a mother – or not to be one, where the latter is also a spectrum. The distribution, representation, and articulation of motherhood are not equal and reproduce the juridical-political hierarchy of the world.

It takes around nine months to grow a child. There is a quotidian alchemy, an often-omitted dignity in being formed from the void, in the warm and tight space of the womb whose hospitality leaves no conscious memory. Its result is our senses: our opportunity to hear, to touch, to see, to smell, to taste. Growing up, the senses from the partial state get assembled into a face, a body, a world. Every human being orchestrates her own peculiar relationships between the senses we all have but don't share. In moments of crisis, this fragile constellation can collapse in order to become a safe myopic universe of partial objects again.

Mothers have teeth, voices, hands, and sometimes wombs. In Norwegian, the outer part of the womb is called *mormunn*, the mouth of the mother. It's a linguistic testimony that the body of the mother is reassembled by the labour she goes through, bringing new meanings to the ways of passing histories from mouth to mouth. In hope of acknowledging motherhood as a form of history as told from our particular present, when thousands of Palestinian mothers have been deprived of life, the exhibition labour feels idle. Yet, this labour is part of a struggle that will never end: a struggle for dignity, recognition, solidarity, and attempts to support the per se complicated process of diluting the affects of love and hate, first projected and condensed on the mother figure, further to the world. On this journey, the topic of motherhood as a form of care, often employed by discourses who wish to privatise and de-politicise motherhood, goes hand in hand with motherhood as a form of care for the struggle, care for the world. Not least, this is a struggle on the field of aesthetics, and museums often seen as a place to enjoy it, rather than to rethink and engage together with it.

The Hannah Ryggen Triennale is a recurrent framework to situate the work of one of the most time- and medium-sensitive artists of her time, Hannah Ryggen, within the present moment. Just as motherhood is not simply a topic but a condition that is inevitably woven into all facets of life, being a weaver is also a perspective on the world, informed by slow, meticulous work, a world-making in itself. Ryggen's piece *Grini* (1945), rarely shown because of its physical fragility, became such a condition for conceptualisation of the exhibition-making process at Trondheim kunstmuseum, building connectivities between forms of passing histories and affects contoured by our cultural repertoires, by the threads and hands we have at our disposal. Instead of coming up with a ready-made concept of the show, me and Marianne Zamecznik, as co-curators, allowed ourselves to take one step at a time and let the exhibition develop organically, through encounters, findings, possibilities, urgencies and economic reality.

Whether climbing the stairs or using the museum's relic elevator, we invite you to celebrate, mourn, respect, critique, and stand nearby, despite the conscious and unconscious differences we start from when entering the terrains of motherhood. We invite you to acknowledge the right and responsibility to contribute our partial understandings of everything that comes after the void to the cradle of reality, despite the immense tiredness. Like maternal labour, this is an effort that cannot be paused – but passed.

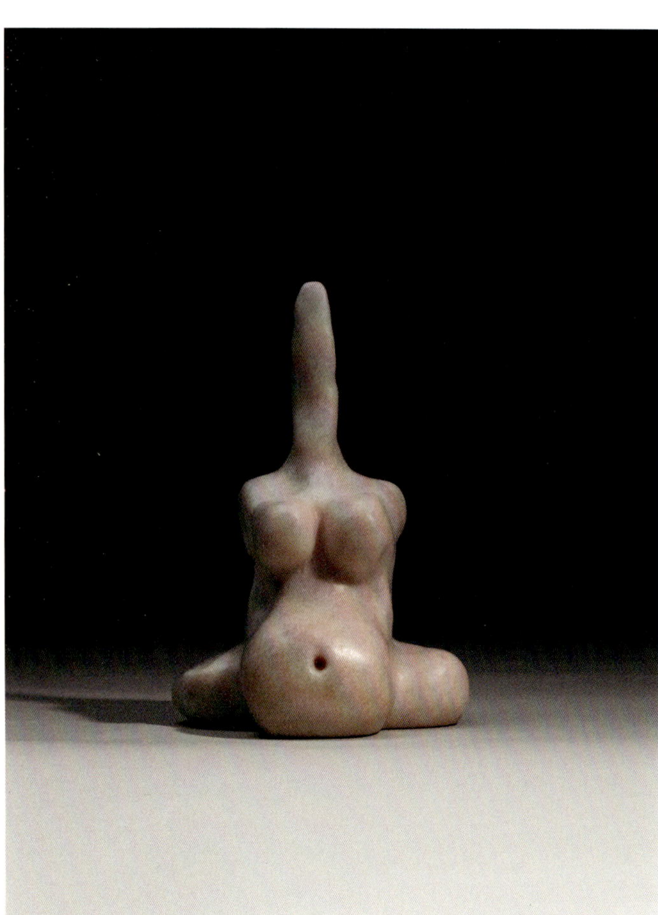

Throughout her decades of artistic work, Bourgeois created a whole encyclopedia of bodies originating from female yet gender-ambiguous shapes. Many of her works monumentalise pregnancy, the presence of a child in the womb. Irrespective of its size, the sculpture is a powerful image of a pregnant body whose strength is codified in stone.

Louise Bourgeois, *Femme*, 2005.
Pink marble, h: 17 cm.
Christen Sveaas' Kunststiftelse.

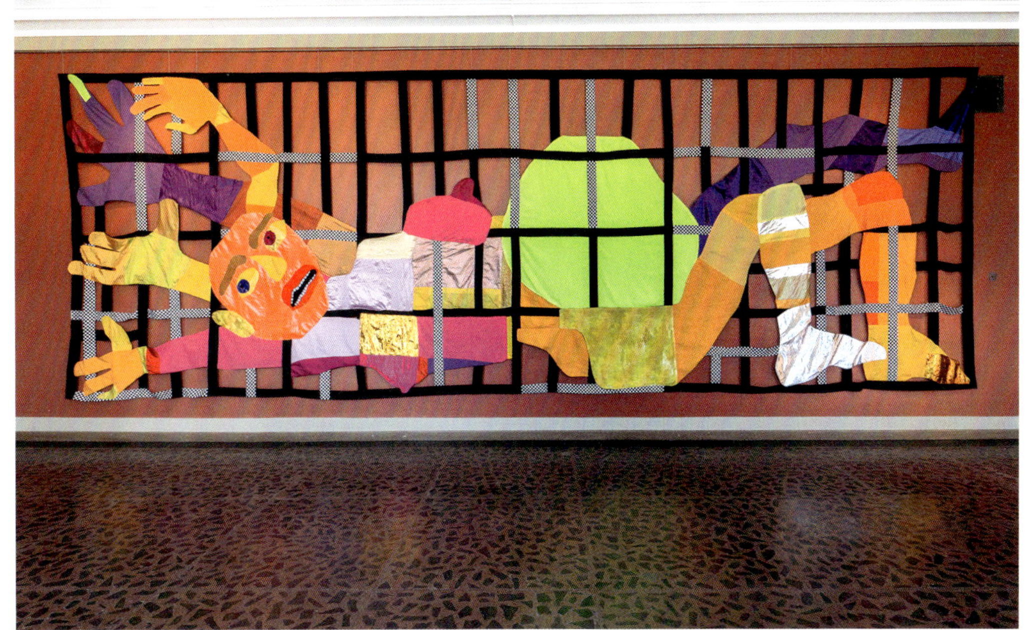

The 9-metre-long tapestry *Fødselen* (*The Birth*) subversively engages in a formal dialogue with monumental art traditions, illuminating the ambiguous nature of childbirth through its application technique. The hidden subtitle of the work, appearing on the reverse side of the tapestry, honours the importance of collectivity and collaboration required by reproductive labour of all sorts, whether it's a work of art or a human life: *Thanks to Svein for making the child, thanks to Marlon for being born, thanks to Tuppen for the materials, thanks to Ella, Emma and Hallvor for sewing.*

Installation view from the exhibition 'Elise Storsveen – Heat Waves' at the Vigeland Museum in Oslo 03.02.–14.05.2023.

Elise Storsveen, *Fødselen* (*The Birth*), 2023.
Tapestry, 900×300 cm.

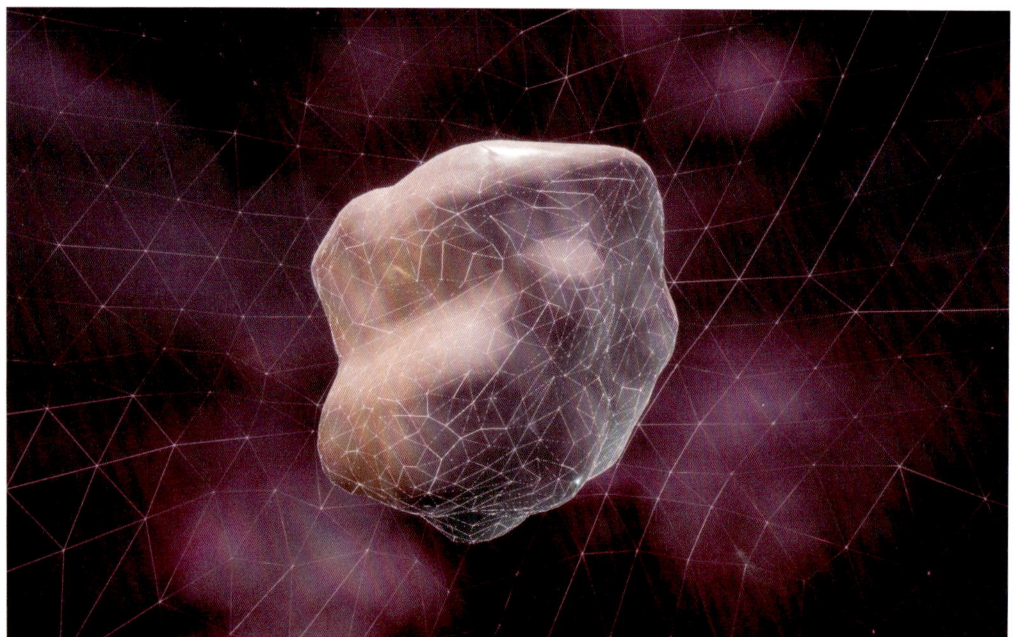

Interactive sound-performance game dealing with the shared response-ability of motherhood.

Video game developer:
Yulia Kozhemyako.
Participants:
Olesya Panova, Tanya Sukhina, Marina Karpova, Nastya Pyari.

*Mother*hood instruction* invites the audience to join the practice of collective mothering. By imagining a technological and post-gender future, the sound-performance game inherits the ideas of cyberfeminism on the automation of reproductive labor. The visitors hear the cry of the cyber child, and they need to decide: whether to respond, wait, or ignore it. The first iteration of the work took place in the Street Arts Museum in the frame of 'Humanitarian Theater', St. Petersburg, Russia, 2021.

Marin Shamov, *Mother*hood instruction*, 2021–25.
Game screenshot.

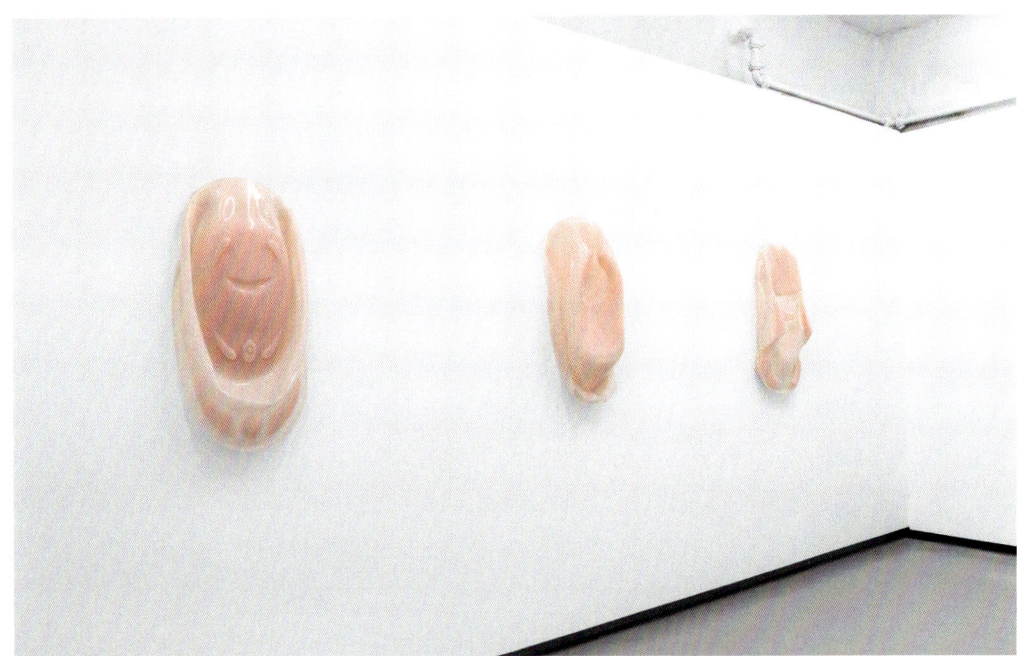

Gravitas is a series of three pink-ish silicone bodies cast from infant bathtubs. These hollow, skin-like casts, reminiscent of deflated or empty vessels, are caught between states of support and collapse. The polysemous word *gravitas* refers to a description of someone, often a man, as serious and important of manner; in Portuguese, a language the artist speaks due to her connection to Brazil, *gravidas* means pregnant, feminine plural.

Installation detail from the exhibition 'Human Scale – Thora Dolven Balke' at MELK in Oslo 13.09.–06.10.2024.

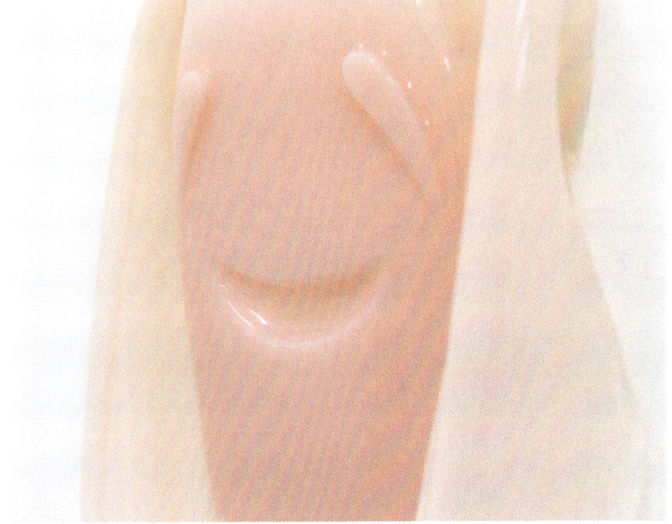

Thora Dolven Balke, *Gravitas*, 2024.
Silicone, pigment, approx. 80×36×15 cm each.

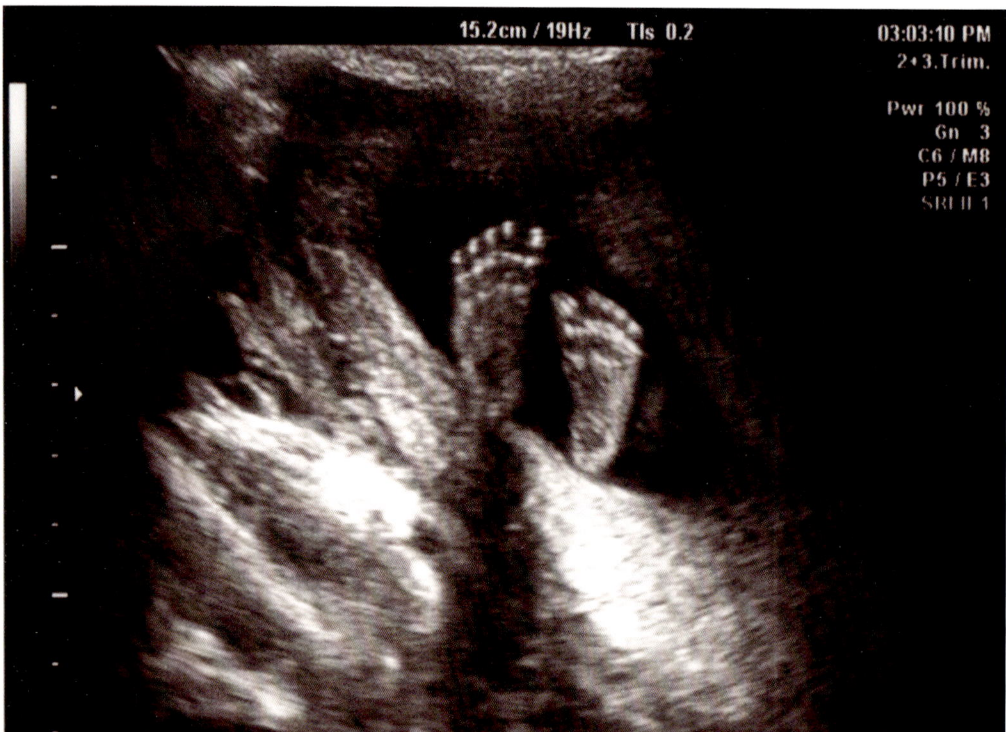

A woman writes to her future child about why she has no family heirlooms to leave behind. She tells about why she has to sing lullabies in a language she does not master, about escape routes that turn into dead ends, and about the sorrow that is the price of love. *Letter to a Warrior* is a lyrical drama about pregnancy in the footsteps of migration.

Direction and Composition: Saga Gärde.
Sound Design and Music: David Gülich.
Sound Engineer: Frida Englund.
Sound Editing: Jonas Mattsson.
Producer: Magnus Berg.
Cast: Şîlan Diljen, Shang Imam.
Singing: Ylva Karlsson, Orchi Lattapiat, Aida Manouchehrpour, Sandra Medina, Shahram Nazeri, Mohammad-Reza Shajarian.

Athena Farrokhzad, *Letter to a Warrior*, 2016. Radio drama, 42 min 11 sec. Commissioned by Swedish Radio Drama.

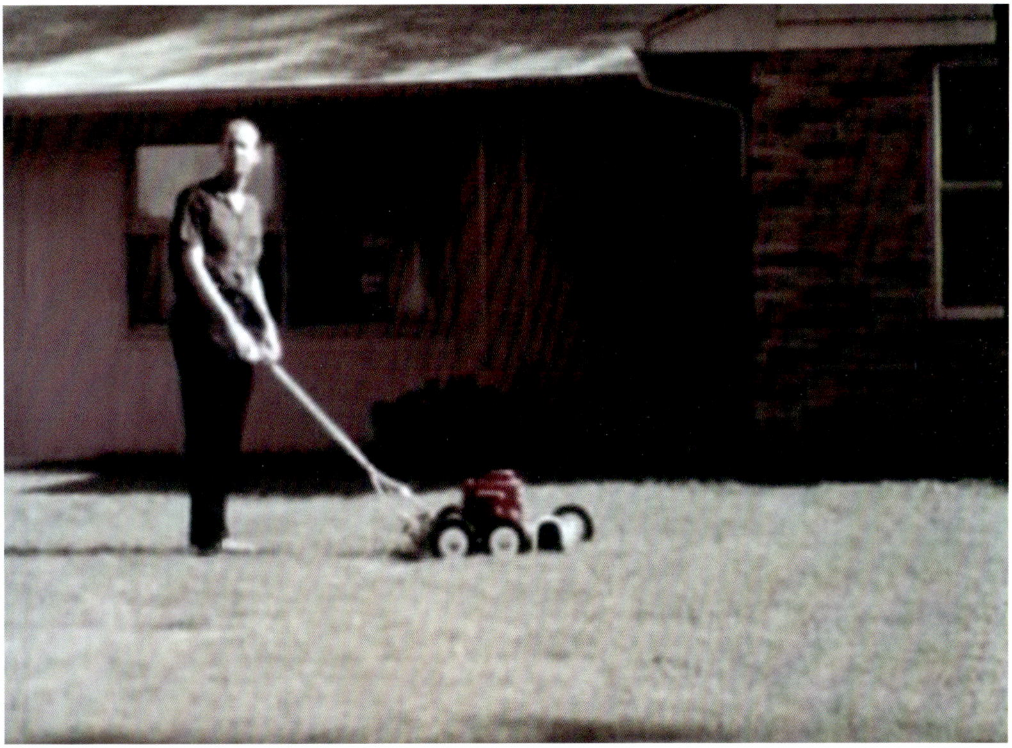

Morning Circle is a research project, work shop and film that opens up a space for critique and reflection of Western cultural hegemony through the seemingly benign institution of a Kindergarten. The short film will premiere at the Hannah Ryggen Triennial in the summer of 2025.

Commissioned by the Vega Foundation, with support from deAppel and the Gwaertler Foundation.

Illustration: *Der Struwwelpeter* by Heinrich Hoffmann, 1845.
Still image from archival film: *Mowing Lesson for Charlie* (1963), digitised by AV Geeks 16mm Films.

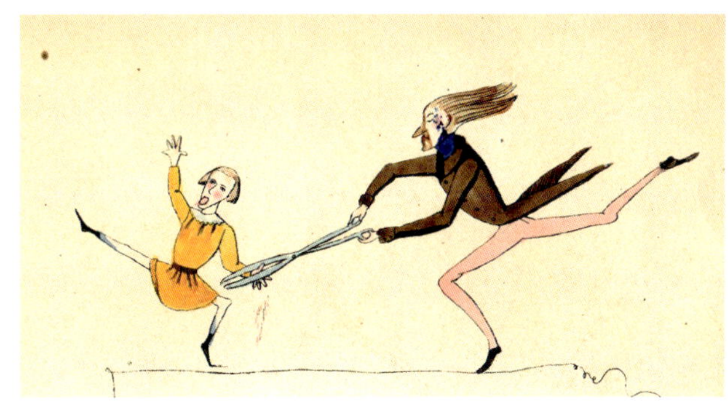

Basma Al-Sharif, *Morning Circle*, 2025.
Inkjet prints from analogue 35 mm black-and-white negatives and short film.

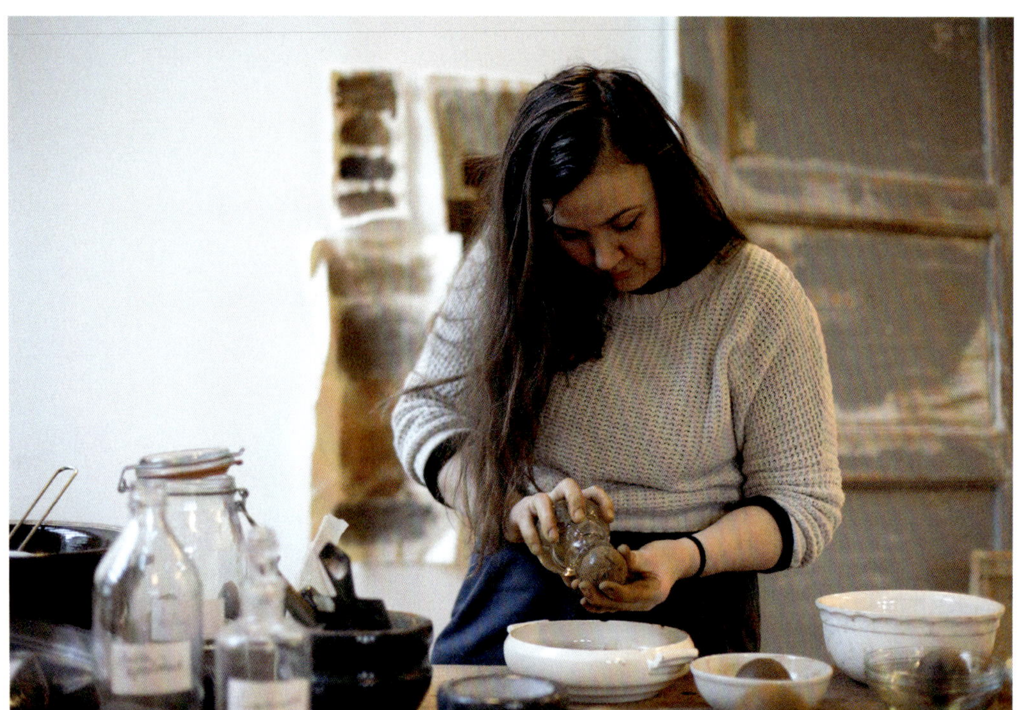

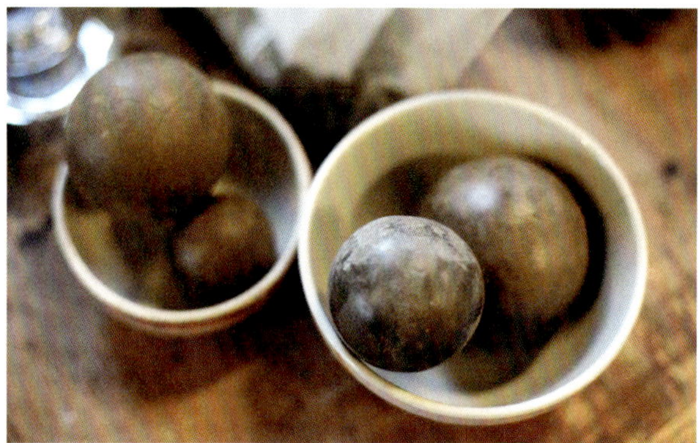

Using the Japanese technique of *dorodango*, Lilleengen creates soil spheres from different parts of the city. *Grunntanker* (*Grounded Thoughts*) invites the audience to bring their own soil which is transformed into a beautiful object through a meditative and time-consuming process.

Installation view from the exhibition 'Grunntanker' at Babel visningsrom for kunst in Trondheim 05.02.–21.02.2021.

Veslemøy Lilleengen, *Grunntanker* (*Grounded Thoughts*), 2021. Installation and performance, variable dimensions. Trondheim kunstmuseum.

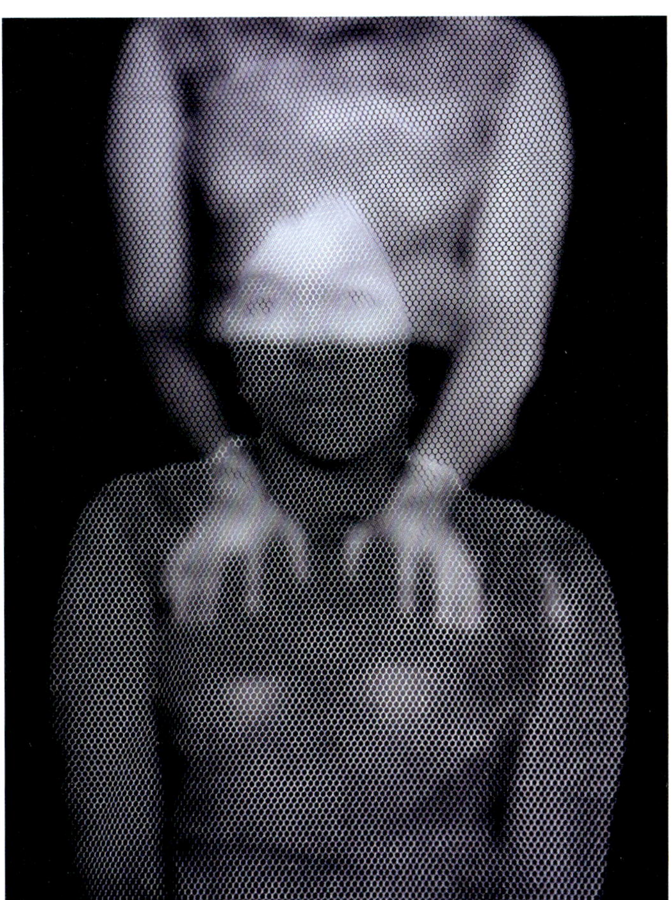

A água é uma máquina do tempo (Water is a Time Machine) is a multi-layered project surrounding the artist's family members and their lives in Rio de Janeiro at the turn of the twentieth century, a time of political turmoil, which immediately followed the abolition of slavery. It also includes personal documents that belonged to the artist's mother, her calendars and journals from the 70s, and an account of her death in 2011, which is the central piece and backbone of this work.

Commissioned by the Sharjah Art Foundation and co-commissioned by Fundação Bienal de São Paulo. It was also funded in part by ZUM Photography Grant Instituto Moreira Salles, Brazil and 'Coincidencia' Program Swiss Arts Council Pro Helvetia.

Aline Motta, *A água é uma máquina do tempo* (*Water is a Time Machine*), 2023. Video installation with sound, 31 min 48 sec, installation view.

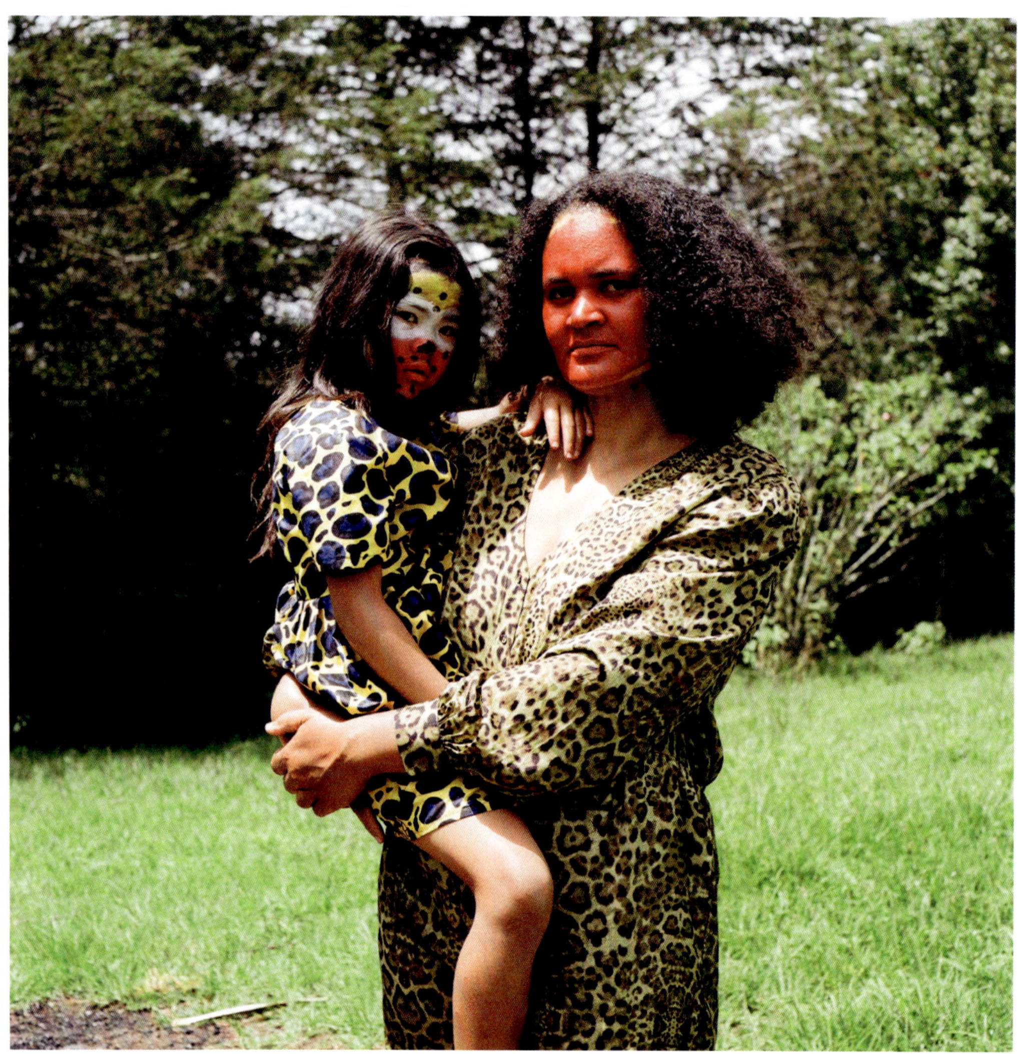

The *not yet titled* photograph was taken during the summer of 2024 in a garden in San Cristóbal de las Casas, Chiapas, Mexico, and is part of an ongoing body of Dæhlin's work exploring subjects as intergenerational presences.

Camera: Pablo Rojo.

Maritea Dæhlin, *not yet titled*, 2024.
Analogue medium format colour photography.

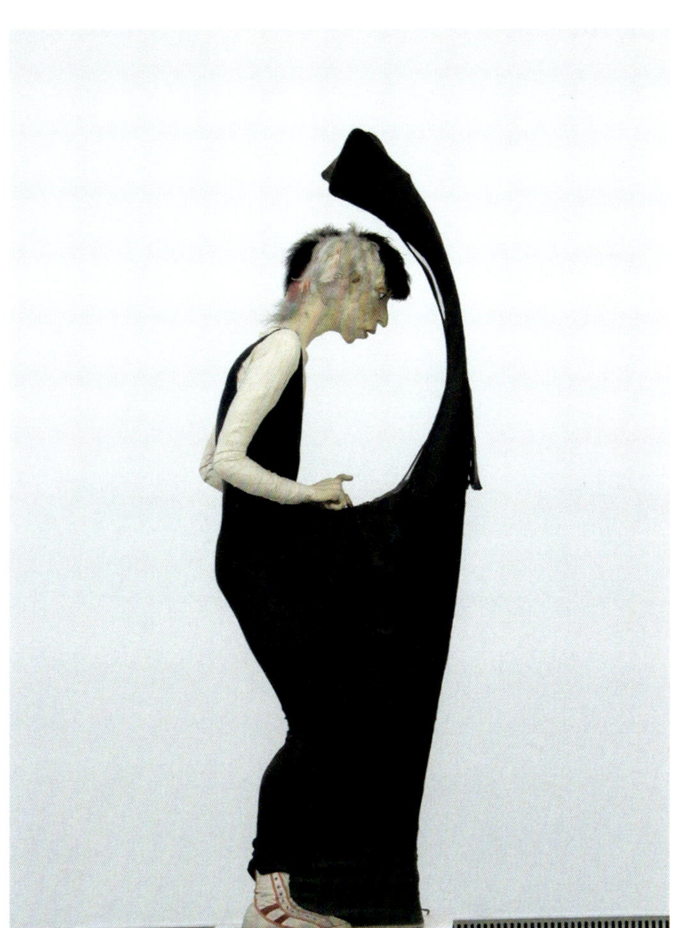

Tatt av Spillet (*Taken by the Game*) by Gitte Dæhlin was acquired by Trondhjems Kunstforening in 1981 and has not been shown for decades, opening up a question of passing on the late artists' legacy, stretched between family members, institutional responsibilities, and social realm.

Gitte Dæhlin, *Tatt av Spillet* (*Taken by the Game*), 1980.
Textile sculpture with light component, h: 18 cm.
Trondheim kunstmuseum.

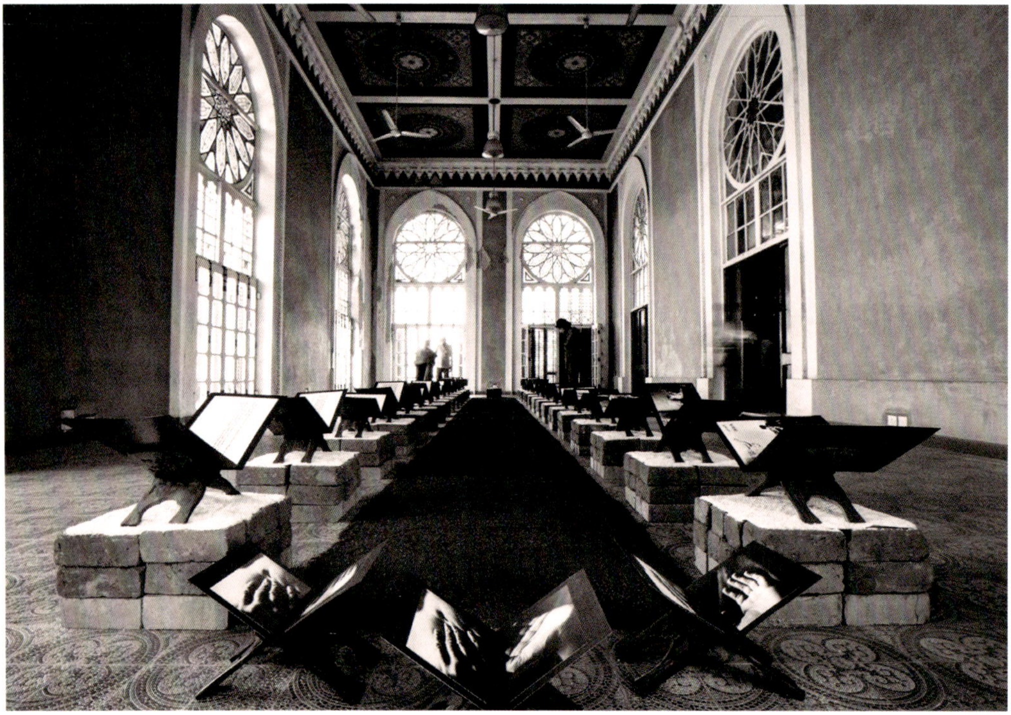

The work invites the visitor to enter the private space of war. By presenting testimonies gathered from women over a period of six years, from 1994 to 2000, it challenges polarized representations of the Kashmir conflict. Women from a wide range of communities and subject positions bear witness, opening up homogenized categories and presenting views and perceptions normally drowned by the clamour of stereotypes. Brought together by an unambiguous rejection of violence despite different religions, ethnicities and experiences of the conflict, these are voices of strength, reason and compassion.

Installation view from Senate House, Chennai Photo Biennale 2019.

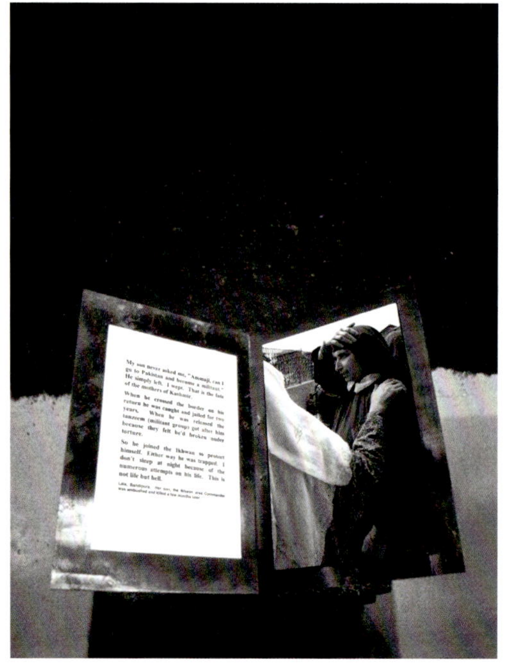

Sheba Chhachhi and Sonia Jabbar, *When the Gun is Raised, Dialogue Stops ....: Women's Voices from the Kashmir Valley,* 2000. Digital black-and-white photographs, text, 36 wooden rihals (bookstands); rusted ironsheet, earth, bricks, rice, 15.20×2.12 m (dimensions variable).

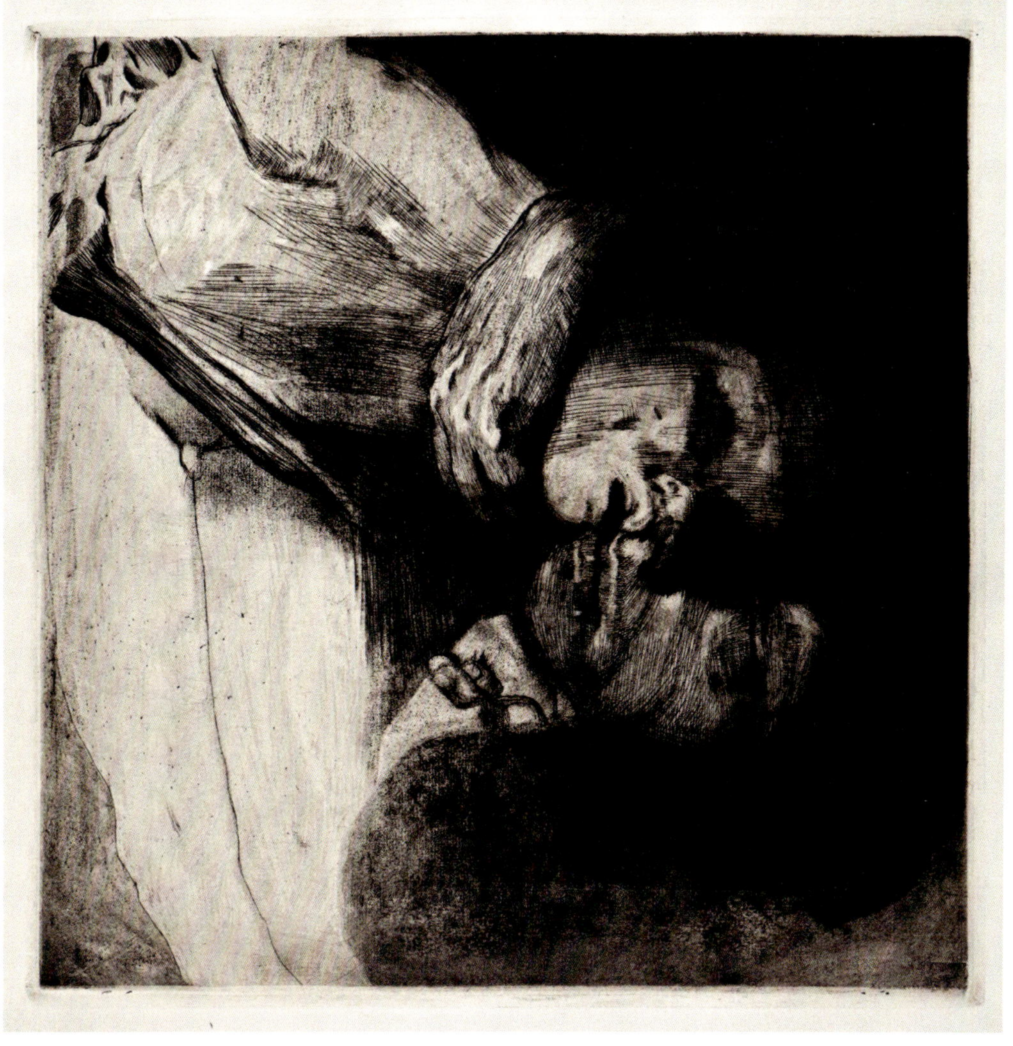

Kollwitz's etching *Tod, Frau und Kind* (*Death, Woman and Child*) is considered to reflect her experience as a mother fearing to lose her son to a serious illness, as well as her own mother's experience with losing three children in infancy. The work resides in many collections across the globe, including Guttormgaards Arkiv in Norway – the choice of the printmaking medium reflects the artist's commitment to socialist principles of accessibility and collective ownership in arts.

Käthe Kollwitz, *Tod, Frau und Kind* (*Death, Woman and Child*), 1910. Etching/cold needle etching, 40.50×40.5 cm. Guttormgaards Arkiv.

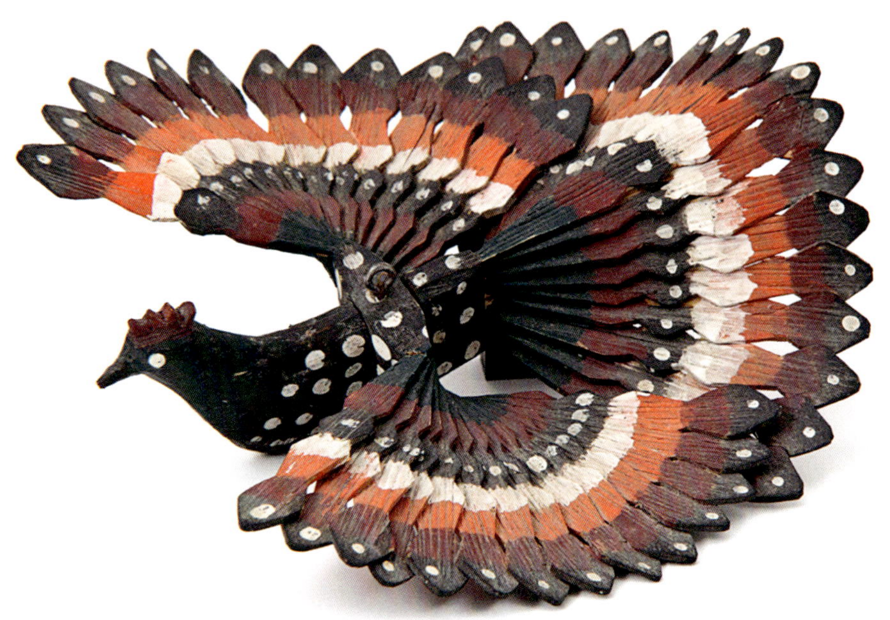

Unknown artist/soviet prisoner, *sponfugl* (*wood chip bird*), 1941–45. Carved and painted wood, 19.5×5.3×19 cm.
Guttormsgaard's Archive.

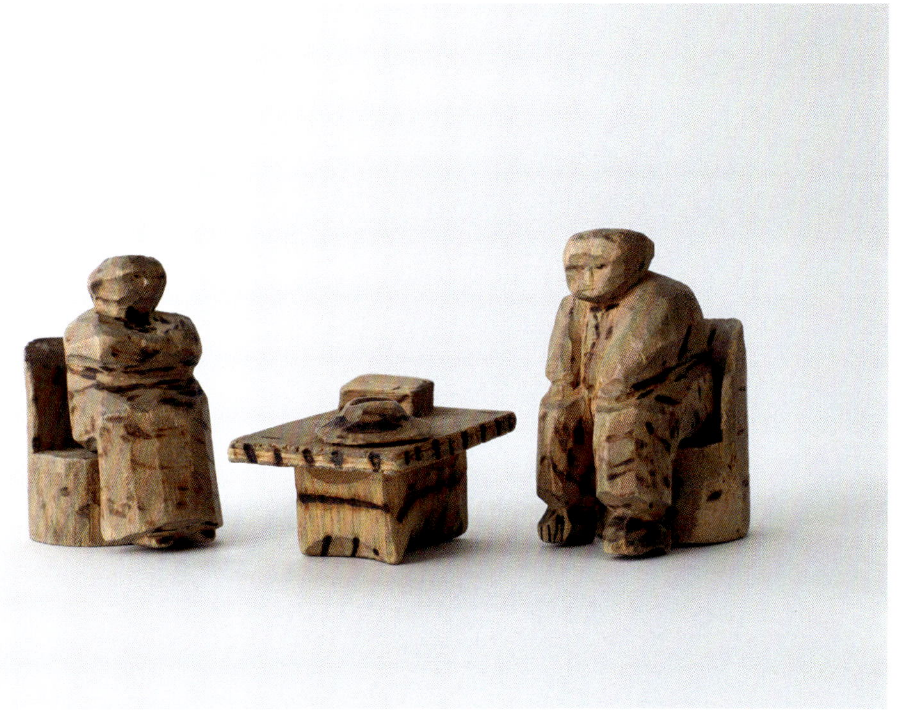

The collection of toys from Guttormsgaard's Archive, an independent art institution built around the unique collection of the artist Guttorm Guttormsgaard (1938–2019), was made by Soviet prisoners in Norway during World War II, as a means of exchange for food and clothing.

Unknown artist/soviet prisoner, group of figures in wood, 1941–45. Carved wood with burnished decoration, 5×5.9×3.5 cm. Guttormsgaard's Archive.

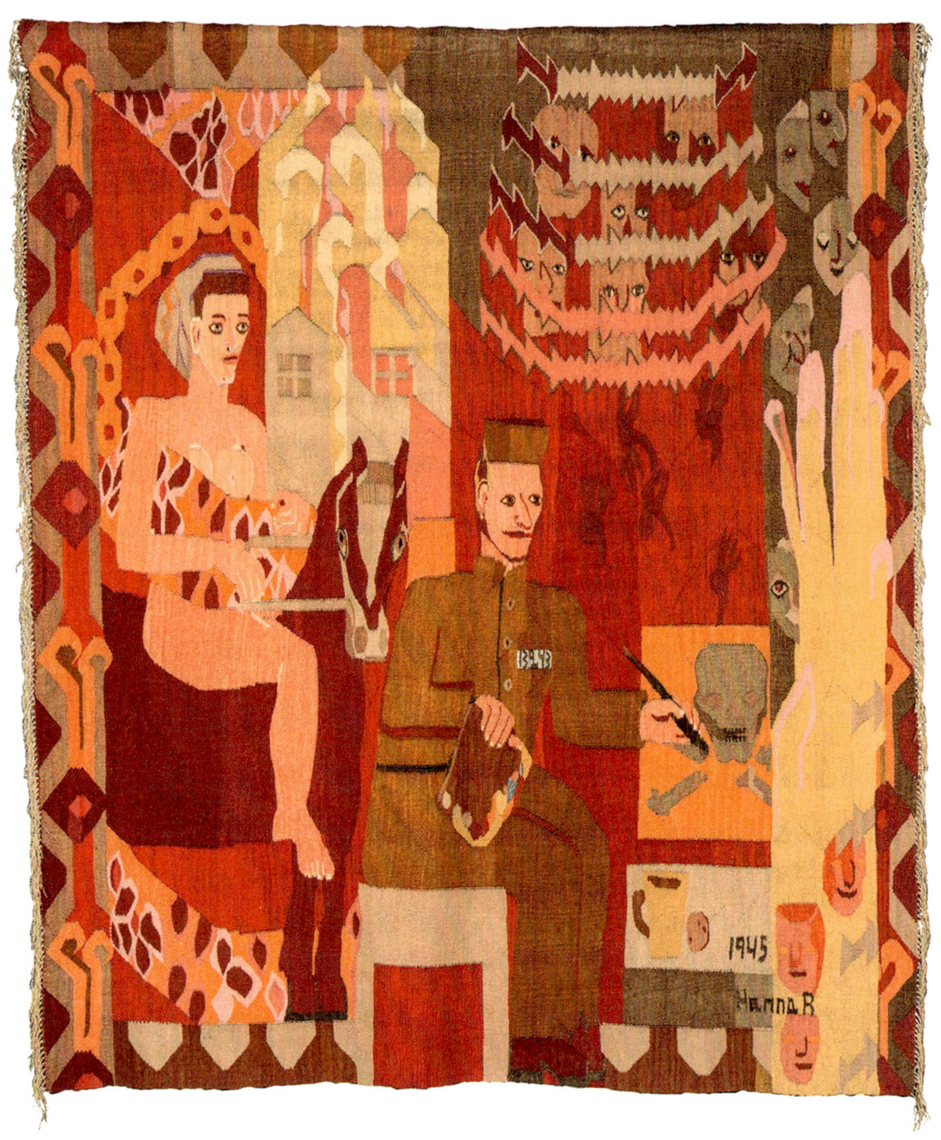

Hannah Ryggen, *Grini*, 1945. Tapestry, 191×167 cm. Trondheim kunstmuseum.

The Ryggen family lived an uncertain life during the war years. German soldiers often moved around the farm. One day, while Hannah Ryggen was away, her husband was captured and sent to the Falstad prison camp. Later, he was transferred to Grini, and towards the end of the war, he was taken to Mysen.

While he was imprisoned, he did some painting. But Hannah could no longer find the motivation to weave. Only after the war did she regain the joy of working. She wove the tapestry *Grini* (1945), which depicts her husband, with prisoner number 13243, as he paints skulls and crossed bones. The woman on the horse is their daughter, Mona.

The work was given by Hannah Ryggen to Trondhjems kunstforening 1965.

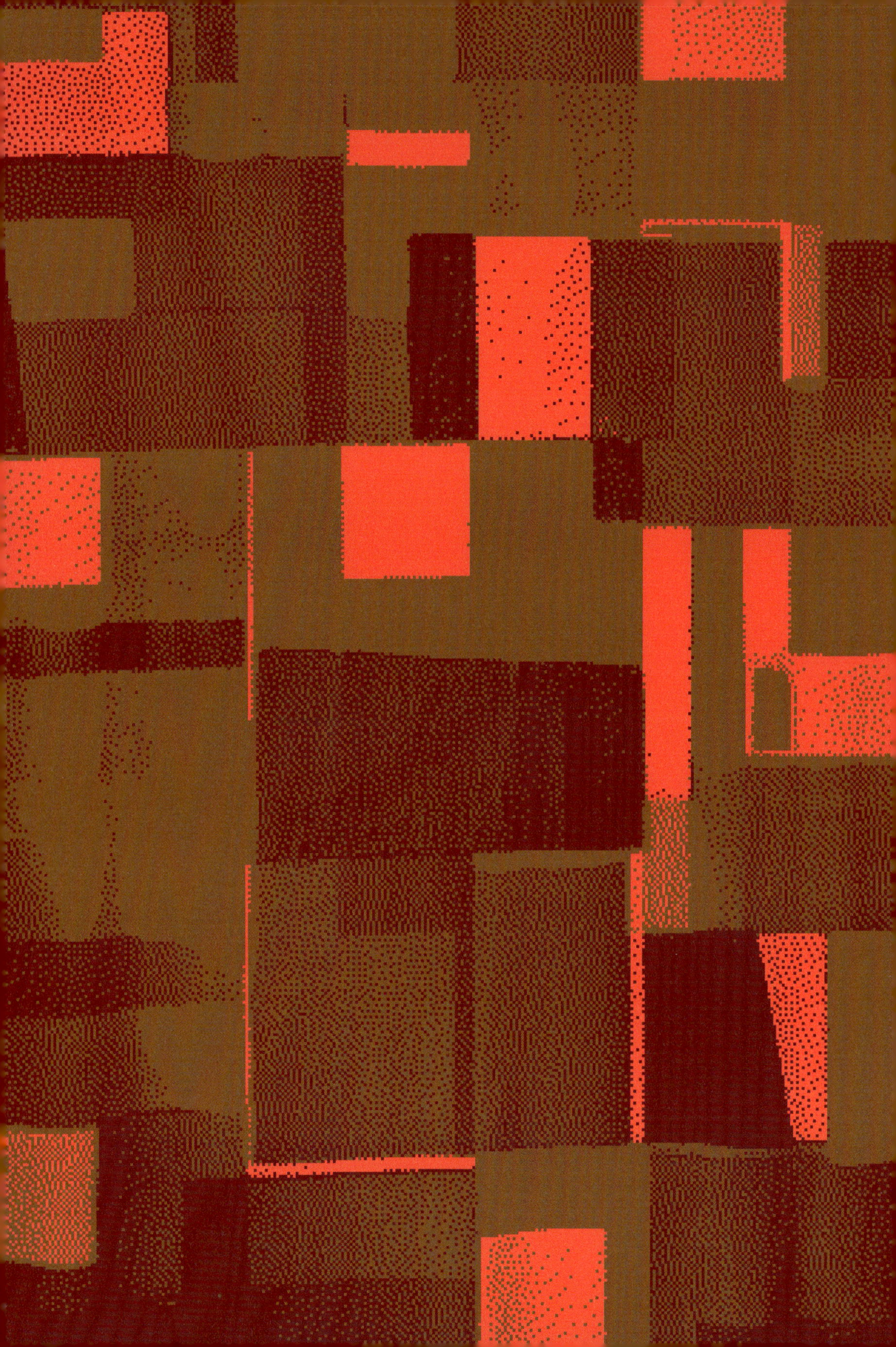

Kjøpmannsgata Ung Kunst
(K-U-K)

Tradisjon og samtid/ Tradition and the Present

Bente Sætrang
Erlend Grytbakk Wold
Freja Burgess
Gunvor Nervold Antonsen
Hannah Ryggen
Hans Ryggen

04.04
/ 01.06

TRADISJON OG SAMTID

Av Cathrine Hovdahl Vik, kurator ved
Kjøpmannsgata Ung Kunst (K-U-K)

Det latinske begrepet *mater*, som betyr *mor* eller *opphav*, har sterk symbolsk kraft i en kunstnerisk kontekst. Som et symbol representerer mater ikke bare den biologiske moren, men også ideer om skaperkraft, tradisjon og opphav. Kunsten kan i seg selv ha en livgivende kraft som bygger på tradisjon og utvikler noe nytt.

K-U-K presenterer en utstilling som relateres til triennalens tema på ulike nivåer. Kunstnerne som deltar er Gunvor Nervold Antonsen (f. 1974), Bente Sætrang (f. 1946), Freja Burgess (f. 1994) og Erlend Grytbakk Wold (f. 1986). Verksutvalget setter et særlig fokus på håndverk, materialitet og tradisjonelle materialer. I tillegg knytter verkene seg tematisk til årets triennaletema på forskjellige måter. Utstillingen inkluderer dessuten verker av Hannah Ryggen, både billedtepper og tekstil laget for praktisk bruk i hjemmet. Ektemannen Hans Ryggen malte Hannah i arbeid flere ganger, og også noen av hans malerier er tilstede i utstillingen. Ryggen-parets verker tilfører utstillingen en historisk kontekst, og bidrar til å binde tradisjon og samtid sammen.

Gunvor Nervold Antonsen – mor i jord

Energi, tyngde, alvor og lekenhet skinner igjennom i det grove formspråket til Gunvor Nervold Antonsen. Både når hun arbeider med tekstil og når hun arbeider med tre utforsker hun samfunn, menneskelig eksistens og identitet i samspill med naturens grunnleggende kraft og kretsløp. Motivkretsen uttrykker ikke en idealisert verden, men det brutale og alminnelige ved det å være menneske, og gir det alvorlige og dagligdagse et nærmest naivistisk uttrykk.

Nervold Antonsen har i tillegg til et utvalg eksisterende verk fra *De fleksible* (2023), laget en ny verksserie med 15 relieffer i bøk til triennalen. *Klage for de døde* har i sin motivkrets portretter av mennesker omgitt av naturelementer. Tittelen står i relasjon til det bibelske motivet *Klage over den døde* eller *Kristi klagesang*, som er avbildet utallige ganger i kunsthistorien. Men med sitt flertall og sitt *for*, kan klagen forståes som rettet til ofre for kriger vi erfarer i dag. Den nye verksserien gjør her en hilsen til triennalens hovedperson Hannah Ryggen, som så tydelig billedliggjorde sin fortvilelse, sitt sinne og sitt sosiale engasjement over samtidas kriser i sin billedverden.

Utstillingen synliggjør balansen mellom det rå og det poetiske og såre som ofte er tilstede i Nervold Antonsens verk. I relieffene finnes tydelige og brutale spor etter motorsag og andre redskaper. I tråd med triennaletemaet *Mater* og dets kobling mellom begrepene *mor* og *materialitet*, skapes her en dynamikk i kontrastene mellom synlige spor av verktøy og fysisk arbeid med materialene og de vare fortellinger. Her forenes sfærer som tradisjonelt tenkes på som mannlige og kvinnelige, med en tøyelighet og standhaftighet som minner om selve livet.

Noen av relieffene tar utgangspunkt i dokumentasjonen av Norsk institutt for kulturminneforsknings arkeologiske utgravninger i Kjøpmannsgata i forkant av bygging av K-U-K i 2019, der det ble funnet intakte deler av en kirkegård datert til ca. år 1000. Disse funnene inkluderer blant mye annet mødre gravlagt ved sine barn. Ved å bringe de nedgravde mødrene frem i overflaten av sine grovt utskårne relieffer skaper Nervold Antonsen et helt konkret møte mellom morstemaet og materialitet.

Bente Sætrang – historiske lag av farge

I utstillingen vises flere av Bente Sætrangs monumentale tekstilarbeider, disse har en lang historie bak seg, og lag på lag med historie i seg.

Sætrangs kunstneriske praksis strekker seg tilbake til 1974, og hun har gjennom flere tiår forsket på farger, også i stillingen som Norges første professor i tekstil. Hennes genuine interesse og kunnskap om farger er formidlet til nye generasjoner kunstnere, både gjennom undervisning av studenter og i publikasjonen *Kokebok for indigosoler* fra 2023. Sætrang har opparbeidet seg et omfattende arkiv med tester, notater og oppskrifter som videreformidles i denne boka.

I motsetning til Ryggen, som jobbet med plantefarging, har Sætrang særlig interessert seg for den kjemiske innfargingsmetoden *indigosol*. Indigosol er et fargestoff som ble utviklet av det sveitsiske firmaet Bayer på 1920-tallet, men som ikke er utbredt i dag fordi innfargingsprosessen er komplisert og langvarig. Først må pigment og kjemikalier blandes, deretter må man føre blandingen på stoffet, og etterbehandle i svovelsyre. Så skal stoffet nøytraliseres i lut, kokes og tørkes. Sætrang bruker den tidkrevende metoden fordi den gir fargen en spesiell dybde. I fargens dybde kan man også ane en historisk dybde: her ligger lag på lag av historie som knytter seg til innfargingen av det konkrete stoffet, til Sætrangs årelange eksperimentering med tekstilfarging, og til de mange kvinnene som opp gjennom århundrene har arbeidet med farging og overført sin kunnskap til generasjonene etter. Ved å jobbe så dedikert med farging viderefører hun også en tradisjon som tidligere kunstnere, som Hannah Ryggen, bidro til å holde ved like. Ryggen farget garnet sitt selv, og holdt flere kurs om plantefarging.

I dialog med de tekstile verkene vises også et utvalg av Sætrangs mer skissepregede og umiddelbare tegninger. Hun har hele tiden jobbet parallelt med forskning på farger, store tekstiler og mindre arbeider på papir. Mens mye av produksjonen hennes er preget av langsomme arbeidsprosesser, viser papirarbeidene en helt annen side av kunstnerskapet. Disse arbeidene viser en større lekenhet med både form og farge.

Erlend Grytbakk Wold – arveoppgjør

Videreføring og undersøkelse av tradisjoner er viktig også i kunstnerskapet til Erlend Grytbakk Wold. Som maler og skulptør arbeider han med arven etter det modernistiske form- og billedspråket, og ønsker å utarbeide et kunstuttrykk som anerkjenner den modernistiske arven uten å være fastlåst i den. Hans undersøkelse er imidlertid ikke knyttet utelukkende til den «store» kunsthistorien, snarere er det en personlig historikk bak hans abstrakte verker.

Wolds bestefar Roar Wold (1926–2001) var en kjent norsk maler og grafiker, og medlem av Gruppe 5, et kunstnerfellesskap som var tilknyttet arkitekturavdelingen ved Norges Tekniske Høgskole i Trondheim. Gruppen delte et modernistisk kunstsyn, og jobbet systematisk med oppbygning av abstrakte, formalestetiske komposisjoner.

Det er med utgangspunkt i bestefarens uferdige lerreter at Grytbakk Wold utvikler sitt eget uttrykk. Ofte klipper han dem opp før har syr de sammen igjen. Akvarellmaling påføres lagvis og danner felt i ulike nyanser av pastellfarger. Noen av dem har brodert signatur eller mønstre som trer fysisk frem i billedflata. Disse maleriene har dermed en gjennomskinnelighet som antyder og tidvis avdekker sporene av historie som ligger i dem.

Når Grytbakk Wold arbeider med akvarellmaling på papir er fargene gjerne skarpere og overganger er utvisket. I motsetning til arbeidene på lerret, hvor fargefeltene er klart avgrenset, flyter de her mer over i hverandre. I utstillingskonteksten blir dette en påminnelse om hvordan ting stadig utvikler seg og er i endring.

Freja Burgess – stofflige utforskninger

Den britiske kunstneren Freja Burgess, som etter studier ved Kunstakademiet i Oslo har hatt Oslo som base for sitt kunstneriske virke, lar seg inspirere av tekstilets muligheter. Hun maler, trykker, farger og syr, og utforsker tekstilets potensial både to- og tredimensjonalt.

Ikke så ulikt Sætrang, som farger tekstilene sine selv, arbeider også Burgess med tekstilfarging, men med fokus på å bruke ulike trykketeknikker til å sette farge på tekstilene. Burgess har funnet inspirasjon i mulighetene som ligger i både digitaltrykk og silketrykk. Motivene males gjerne på papir først, og overføres så til tekstil med digitaltrykk. Burgess arbeider også manuelt med silketrykk, som innebærer å klippe til stensiler i papir og utarbeide tegnede design til lekne trykk på ulike tekstiler, som for eksempel viskose, silke, sateng, lin og bomull.

Burgess benytter gjerne søm i tekstilene sine. Hun bruker ulike sømtyper, og noen av verkene gir assosiasjoner til applikasjonsteknikken fordi det er konturer rundt figurene. Men i motsetning til applikasjonssøm, hvor et motiv klippes ut av et stoff og sys fast på et annet, er det hos Burgess kun snakk om ett stykke stoff. Konturene i hennes verker oppstår når hun syr rundt de enkelte elementene i motivet.

Motivmessig jobber hun både figurativt og med mer dekorative mønstre og border. I flere av hennes verker finner vi hender som motiv. Hender som håndterer ulike mat- og råvarer. Hånden som varsomt beskytter og hånden som skaper. Matvarer som fisk, kjøtt og bakverk. Hånden som preparerer føde og næring. Hånden som ivaretar tradisjonen og skaper nye.

Ved hjelp av ulike stoffer, teksturer og sømtyper bygger Burgess verker som utfordrer materialets grunnleggende egenskaper. I noen tilfeller utfordrer dets fysiske potensiale og dets strukturelle kvaliteter for å skape tekstile skulpturer. I utstillingen vil vi stifte bekjentskap med både hennes to- og tredimensjonale arbeider.

Tradisjon og samtid

Materialkunnskap og håndverk har vært viktig i de fleste samfunn. Med industrialisering og teknologisk utvikling har mye gått tapt, men nye teknikker og materialer har gitt nye muligheter. Kunsthistorien er et bilde på dette. Kunstens egenart er at den bidrar med noe nytt; noe nyskapende enten det gjelder materialer, teknikk eller uttrykk. I måten de håndterer tradisjon, håndverk og materialer på, er verkene av de fire omtalte kunstnerne eksempler på det. I utstillingen presenteres også noen innlånte arbeider av Hannah Ryggen, blant annet flere som sjelden har vært vist. De bidrar til å synliggjøre den historiske konteksten samtidens kunst innehar.

I utstillingen på K-U-K vises altså en kombinasjon av eldre verker og nye verker laget spesielt til denne anledningen av kunstnere i ulike livsfaser. Dialogen mellom verkene gir oss innsiktsfulle og overraskende møter på tvers av generasjoner og uttrykk. Kunstnerne opererer her som formidlere mellom historie, nåtid og fremtid; i tråd med begrepet *mater* skaper de noe varig og meningsfylt gjennom kreativitet, forskning og fysisk arbeid.

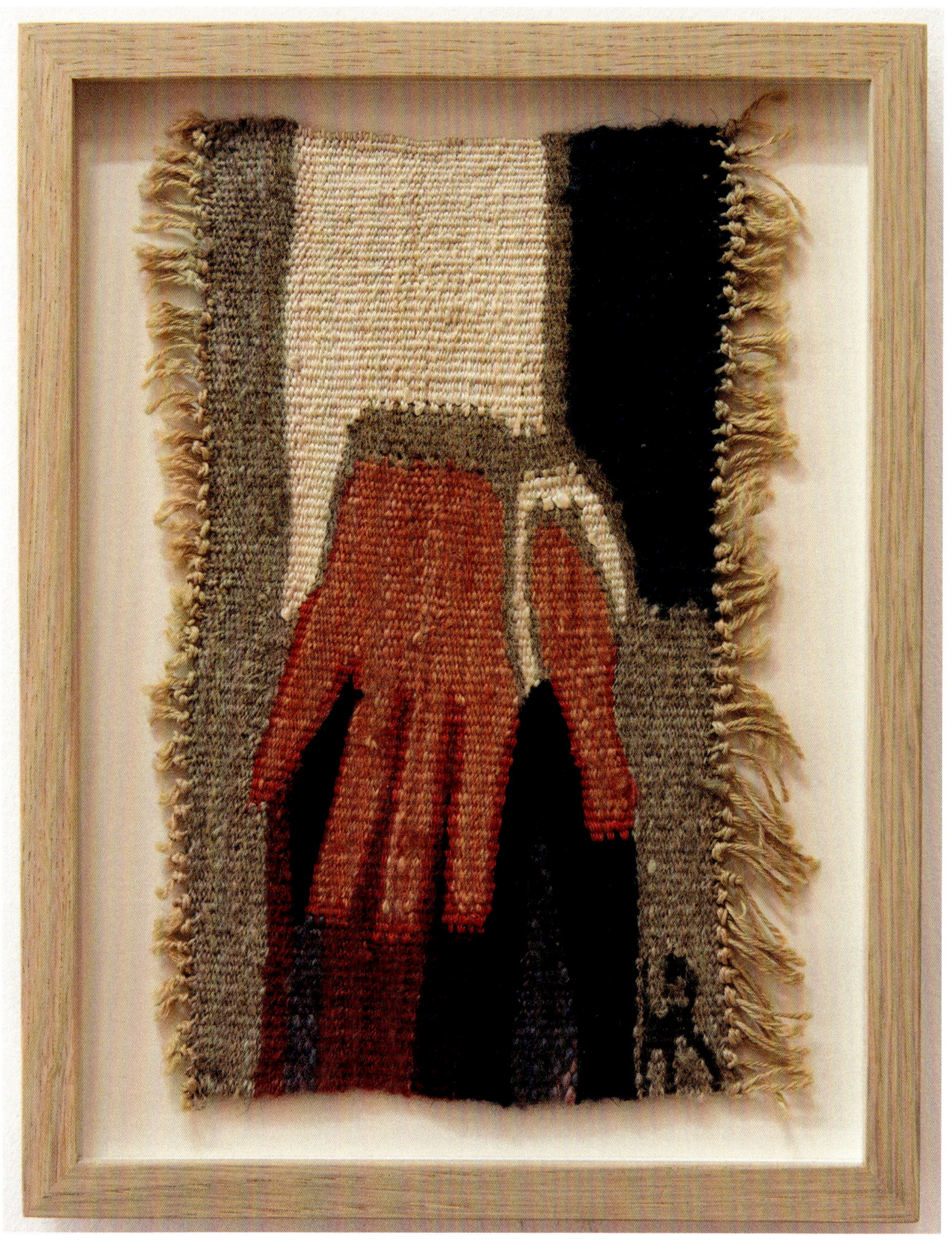

Hannah Ryggen, *Ukjent tittel (Selvportrett av gipset hånd)* (*Title unknown [Self-portrait with plastered hand]*), n.d. Wool, 26×16 cm. Private collection.

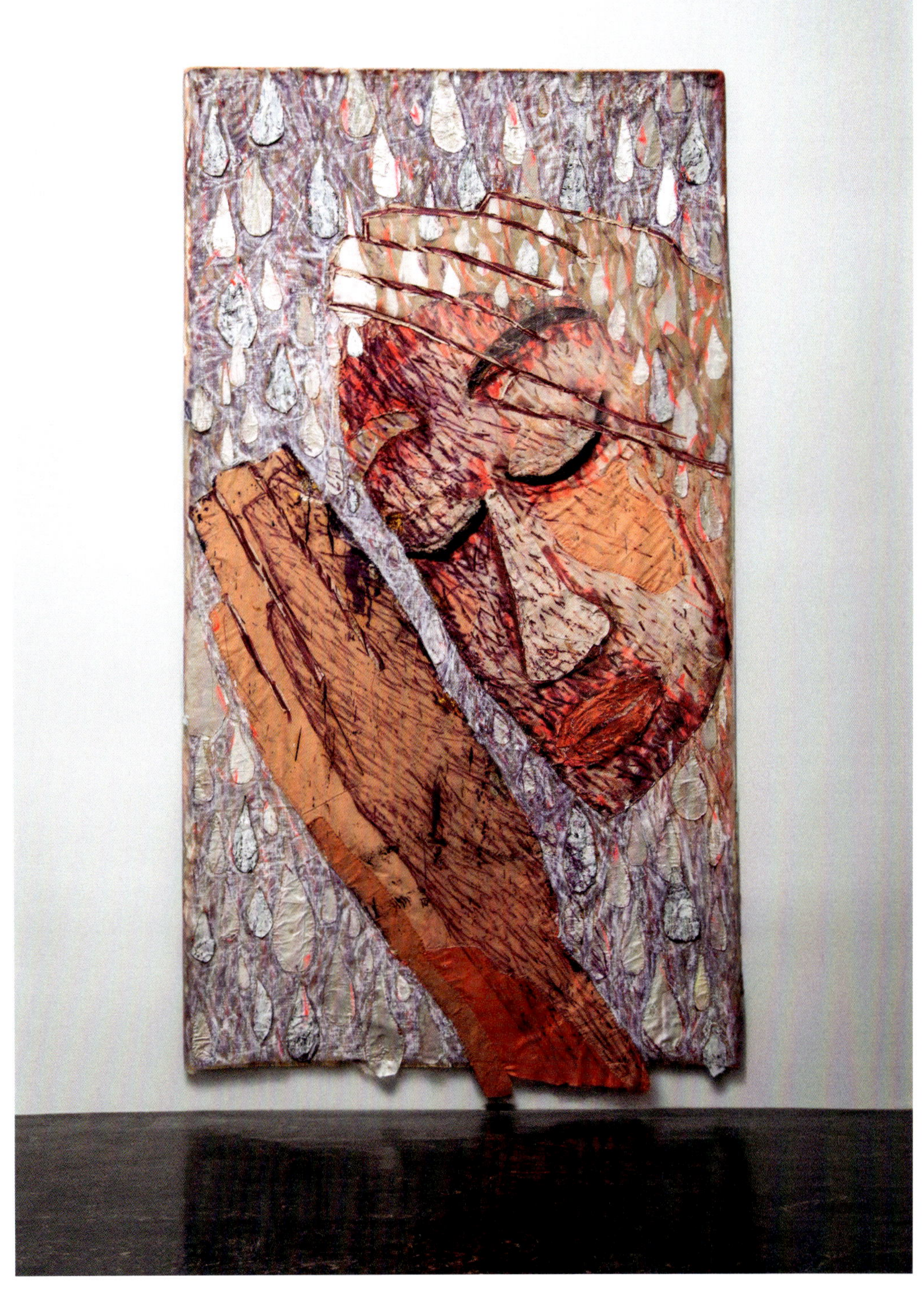

Gunvor Nervold Antonsen, *Ikonostas* (*Iconostasis*), 2023, from *De fleksible* (*The Adaptables*). Jute, cotton, silk, polyester, rabbit skin glue, pigment, oil paint, spray paint, pastel chalk, charcoal, colour pencils, sequins, plaster and paper, various sizes.

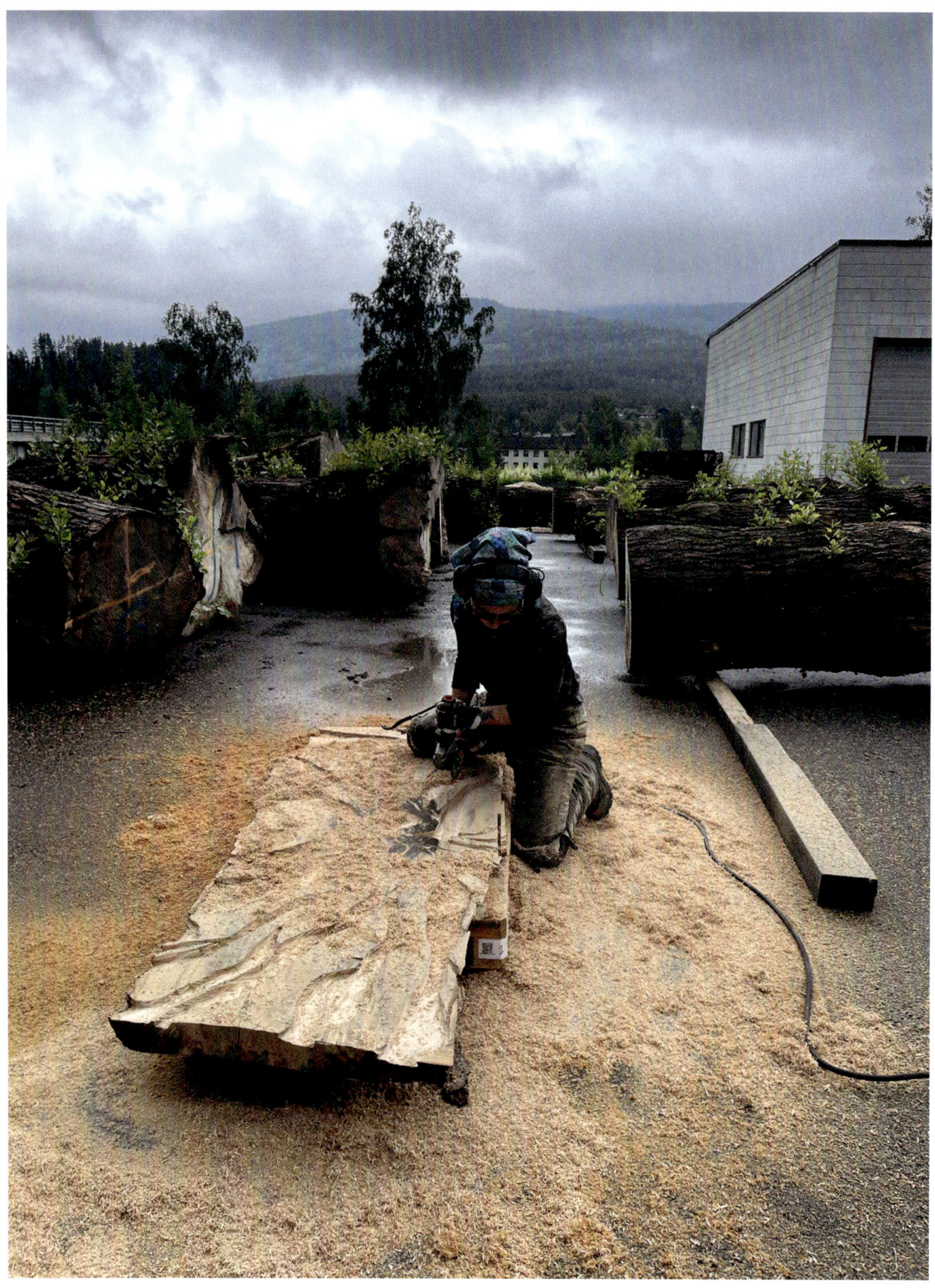

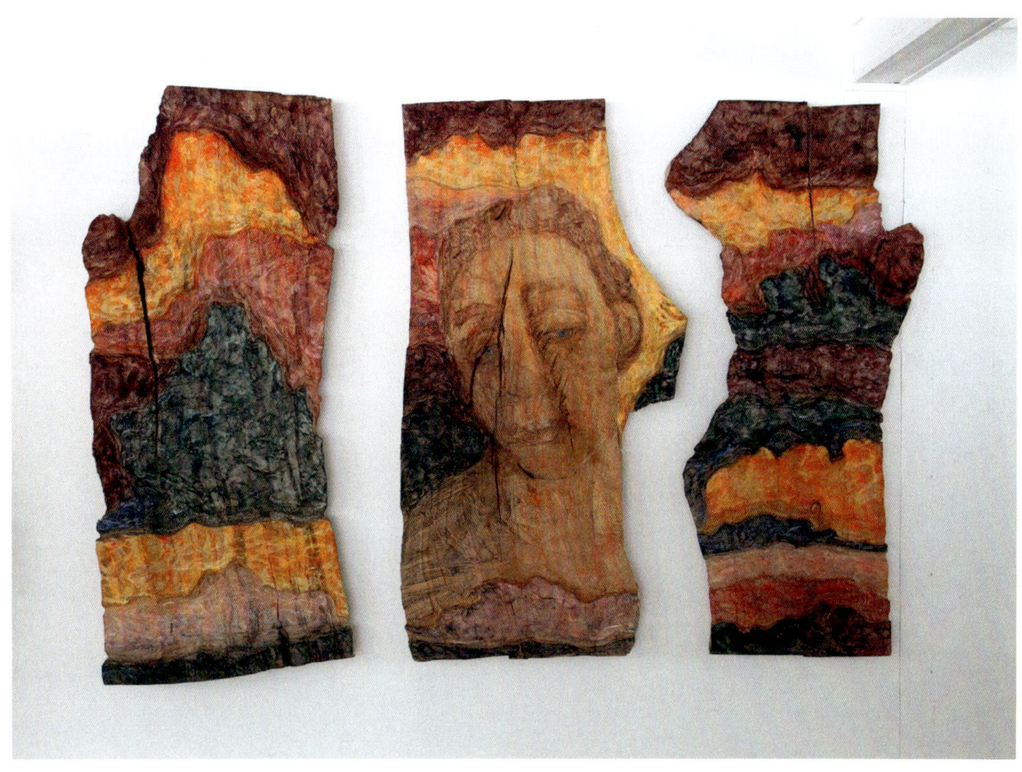

Gunvor Nervold Antonsen, reliefs from the series *Klage for de døde* (*Lamentations for the Dead*), 2024–25. Beech, pigment and oil, various sizes, 15 works.

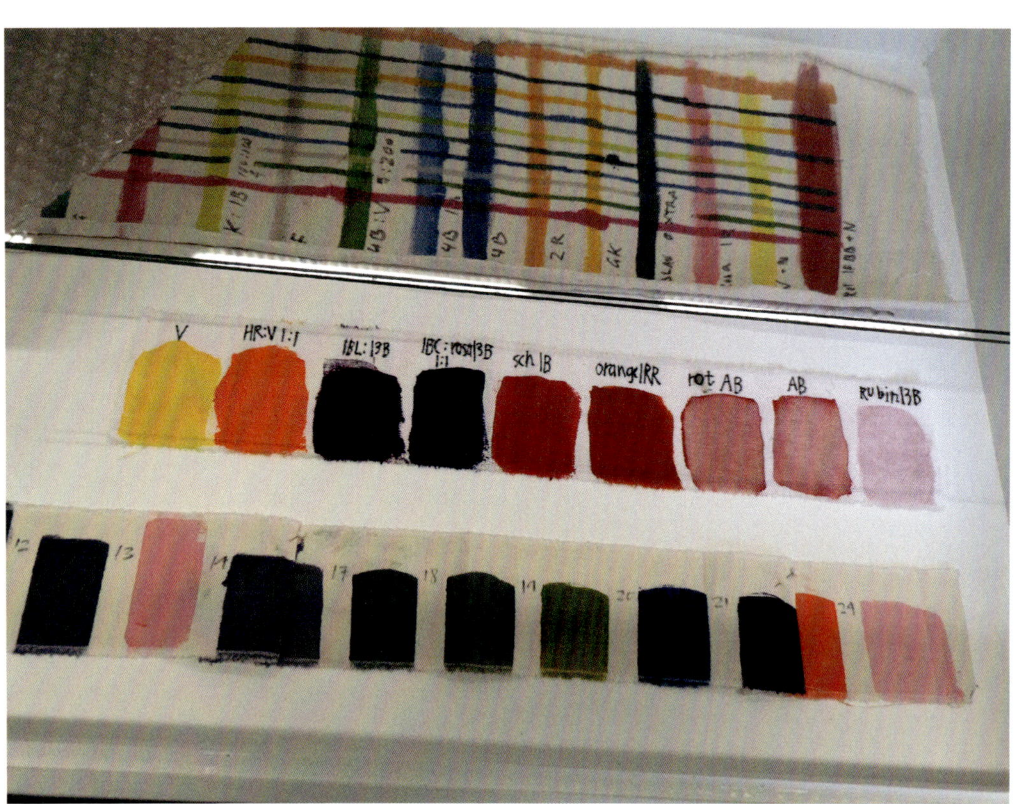

Samples from Bente Sætrang's colour research.

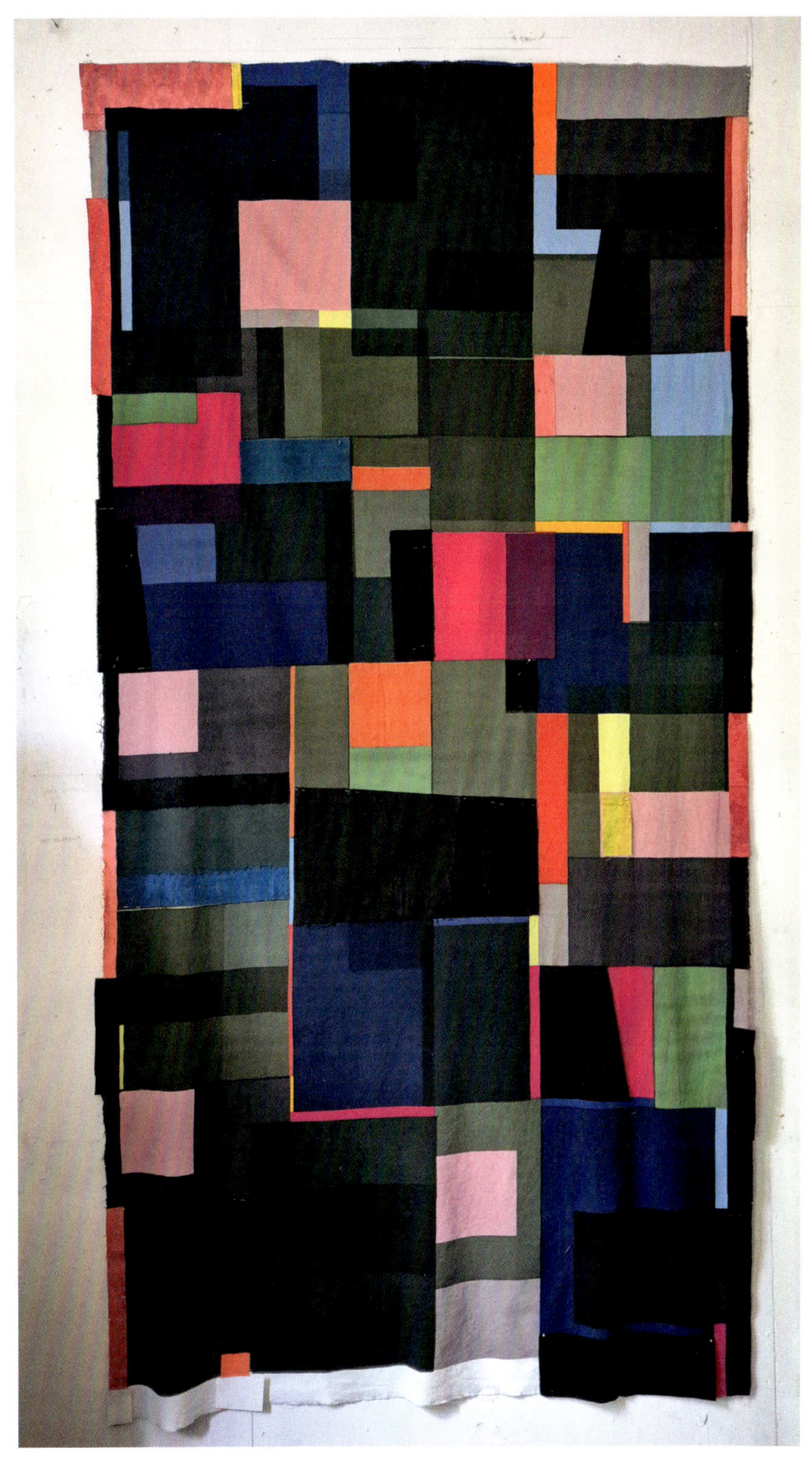

Bente Sætrang, *Legacy of B #9*, 2024.
Screen printed with indigosol on damask
and montage, in process, 315×150 cm.

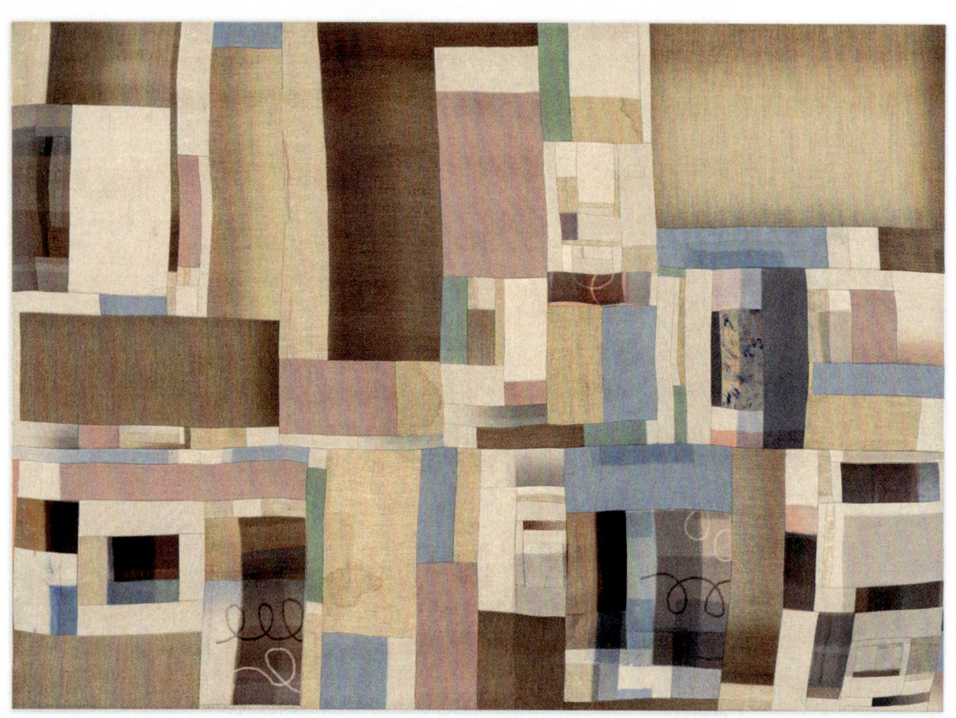

Erlend Grytbakk Wold, *Opera Mint*, 2023.
Watercolour on canvas and embroidery, 150×210 cm.

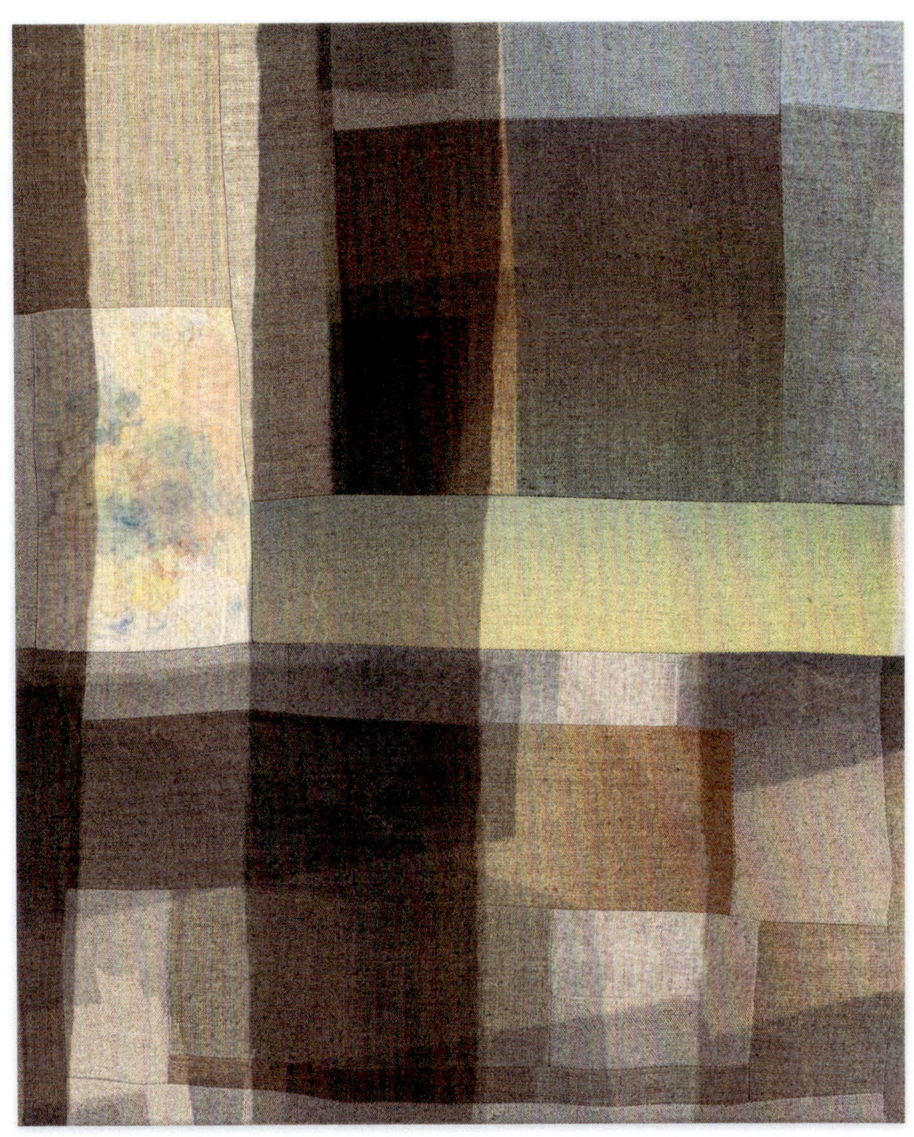

Erlend Grytbakk Wold, *Falsk vår* (*False Spring*), 2023.
Watercolour on canvas, 60×50 cm.

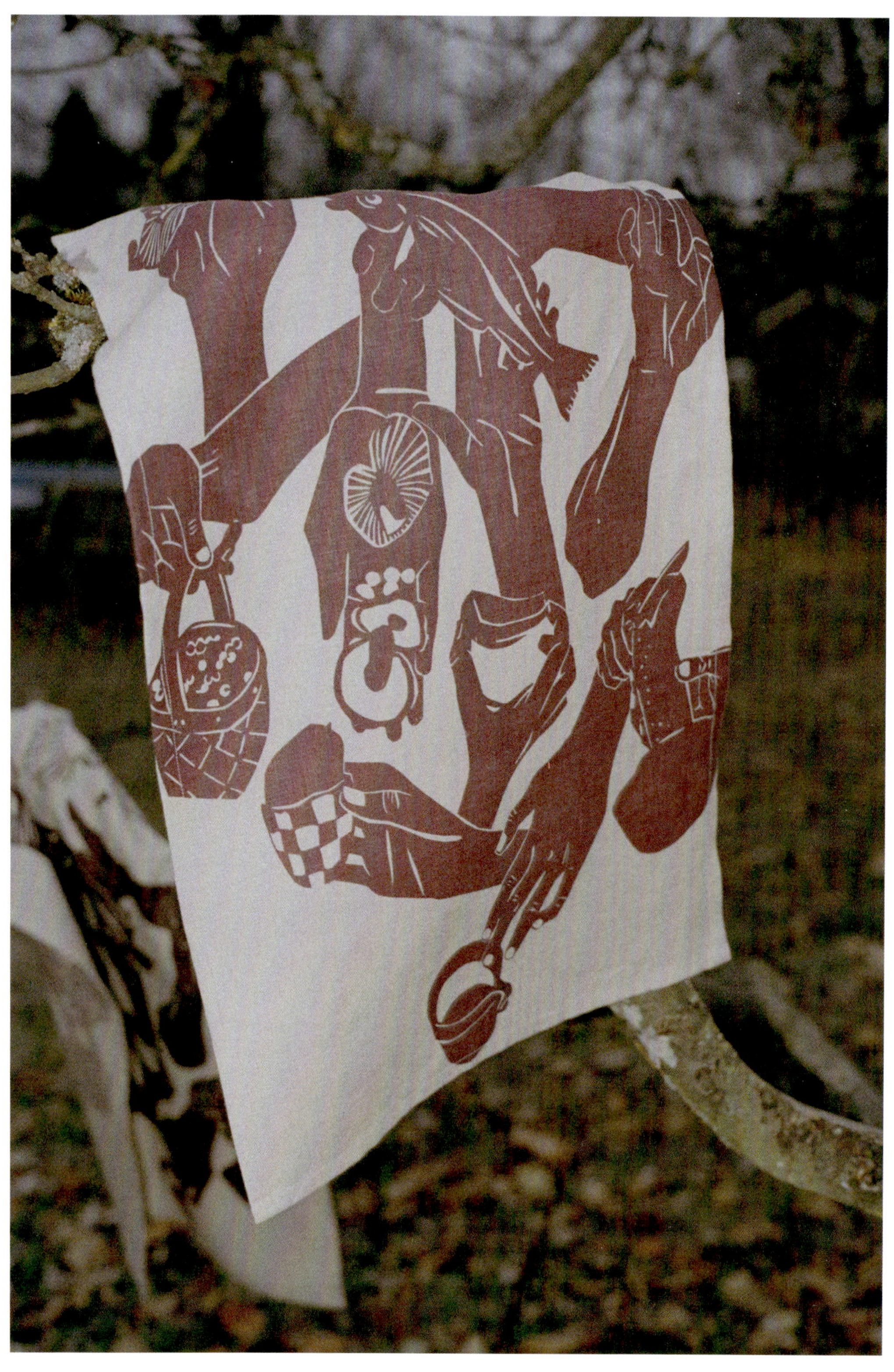

Freja Burgess, *The Forager*, 2024.
Silkscreen print on linen, 60×85 cm.

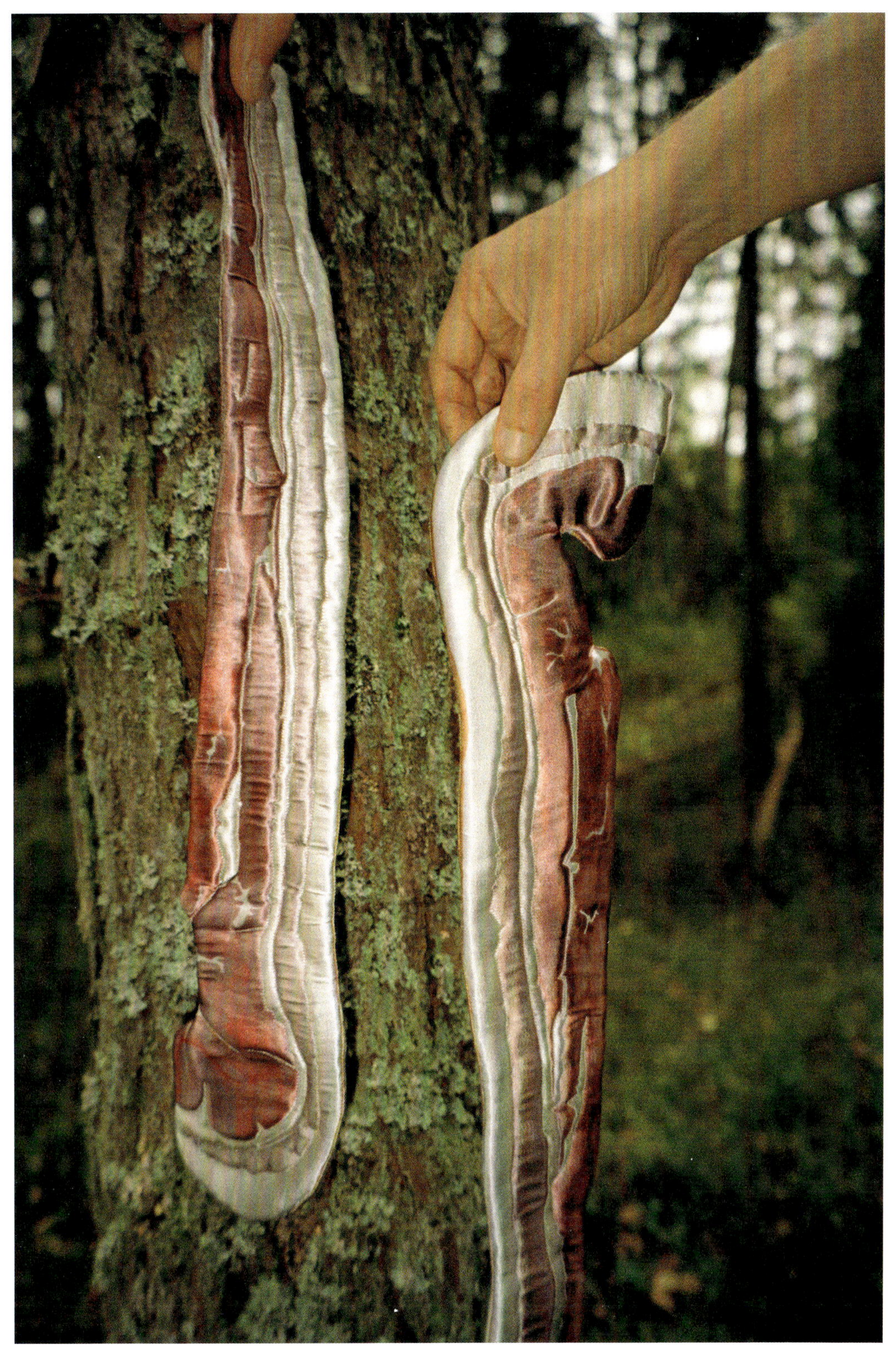

Freja Burgess, *Rasher of Bacon*, 2024. Viscose silk with digital print and embroidery, 34×8 cm.

TRADITION AND THE PRESENT

By Cathrine Hovdahl Vik, Curator at
Kjøpmannsgata Ung Kunst (K-U-K)

The Latin term *mater*, meaning *mother* or *origin*, carries strong symbolic power in an artistic context. As a symbol, mater not only represents the biological mother but also ideas of creative power, tradition and origins. Art in itself can wield a life-giving force that builds on tradition and develops something new.

K-U-K presents an exhibition that relates to the Triennale theme on different levels. The contributing artists are: Gunvor Nervold Antonsen (b. 1974), Bente Sætrang (b. 1946), Freja Burgess (b. 1994) and Erlend Grytbakk Wold (b. 1986). The selected works have a strong emphasis on craft, materiality and traditional materials, and tie in with the Triennale theme in different ways. The exhibition also includes works by Hannah Ryggen, both tapestries and utilitarian textiles for domestic use. Her husband Hans Ryggen often painted Hannah at work, and some of his paintings are also exhibited here. The inclusion of works by the Ryggens adds historical context to the exhibition and contributes to linking tradition and the present together.

Gunvor Nervold Antonsen – mother unearthed

Energy, gravity, seriousness and playfulness shine through in Gunvor Nervold Antonsen's coarse artistic style. Whether she is working with textiles or with wood, she explores the interaction between society, human existence and identity, and the fundamental force and cycle of nature. Her motifs do not depict an idealised world, but rather the brutality and the commonplace in being human, giving the serious and mundane an almost naïvist expression.

In addition to exhibiting selected works from *De fleksible* (*The Adaptables)* from 2023, Nervold Antonsen has created a new series of 15 beech reliefs for the Triennale. *Klager for de døde* (*Lamentations for the Dead)* features portraits of human beings surrounded by natural elements. The title relates to the Biblical motif *Lamentation of the Dead Christ*, a common trope in art history. The pluralisation of 'the dead', and 'for' rather than 'of' in the title suggest these lamentations are for the victims of the wars we are currently experiencing. The new series of works makes a nod to the central character of the Triennale, Hannah Ryggen, who through her imagery explicitly expressed her despair, her anger and her social engagement related to the crises of her times.

The exhibition visualises the balance between the raw, the poetic and the vulnerable often present in Nervold Antonsen's works. In the reliefs, there are evident brutal marks from chainsaws and other tools. In line with the Triennale theme *Mater* and its connection to the terms *mother* and *materiality*, a dynamic emerges in the juxtaposition of the visible marks from tools and manual manipulation of the materials, and the sensitive stories that are told. Spheres that are traditionally regarded as either male or female are united, with a flexibility and perseverance reminiscent of life itself.

Some of the reliefs draw inspiration from the archaeological dig in Kjøpmannsgata undertaken by the Norwegian Institute for Cultural Heritage Research prior to the construction of the K-U-K building in 2019, during which they found intact parts of a cemetery dated to around year 1000. The finds included mothers buried with their children. Unearthing the buried mothers by portraying them in her coarsely carved reliefs, Nervold Antonsen creates a literal connection between the themes of mother and materiality.

Bente Sætrang – historical layers of colour

The exhibition features several of Bente Sætrang's monumental textile works, which all have a long and multilayered story to tell.

Sætrang's artistic practice goes back to 1974, and for decades she has researched colours, including during her tenure as Norway's first Professor of Textiles. She has relayed her genuine interest and knowledge concerning colours to new generations of artists, both through teaching students and her 2023 publication *Kokebok for indigosoler* (Cookbook for Indigosols). Sætrang has accumulated an extensive archive of tests, notes and recipes that she shares in this book.

Unlike Ryggen, who worked with plant dyes, Sætrang has a particular interest in the chemical dyeing method of *indigosol*. Indigosol is a dye that was developed by Swiss firm Bayer in the 1920s, but it is not commonly used today as the dyeing process is complicated and time-consuming. First, pigment and chemicals are mixed together, then the mix is applied to the fabric before it is set in sulphuric acid, after which the fabric must be neutralised in lye, boiled and finally dried. Sætrang uses this lengthy method because it gives the colour a particular depth. In the depth of the colour, there is also some historical depth: layer upon layer of history lie in the dyeing of a particular fabric; from Sætrang's years of experimenting with textile dyes to the numerous women who have worked with dyeing and passed on their knowledge to new generations down the centuries. By dedicating herself to dyeing techniques, Sætrang is also passing on a tradition that artists before her, like Hannah Ryggen, contributed to keeping alive. Ryggen dyed her own yarn and held several workshops on using plant dyes.

Sætrang's textile works are exhibited together with a selection of her quick sketches, creating a dialogue. She has always combined her colour research with creating larger textile works and smaller works on paper. Whereas much of her production requires time-consuming and laborious processes, her works on paper show a completely different side of her artistic practice. These works demonstrate more playfulness in the use of form and colour.

Erlend Grytbakk Wold – evolving a legacy

The continuation and investigation of tradition is an important aspect of Erlend Grytbakk Wold's artistic practice. As a painter and sculptor, he works with the legacy of Modernist style and imagery, and strives to develop an artistic expression that acknowledges the Modernist legacy without being limited by it. His investigation, however, is not exclusively tied to the 'universal' history of art. Rather, there is a personal history behind his abstract works.

Wold's grandfather Roar Wold (1926–2001) was a well-known Norwegian painter and printmaker, as well as a member of Gruppe 5, an art collective with ties to the Faculty of Architecture and Design at the Norwegian University of Science and Technology in Trondheim. The group shared a Modernist outlook on art, and worked systematically in building abstract, formal-aesthetic compositions.

Using his grandfather's unfinished canvases as a starting point, Grytbakk Wold is developing his own style. He will often cut them into pieces, then stitch them back together. Watercolours are painted on in layers, creating fields in different shades of pastels. Some of them have an embroidered signature or patterns that physically protrude from the surface of the image. Thus, these paintings have a translucency that implies, and sometimes reveals, the traces of history that lie within them.

When Grytbakk Wold works with watercolours on paper, the colours tend to be more saturated, and the transitions more gradient. In contrast to his works on canvas, where the colour fields are clearly separated, they blend into one another in these works. In the context of the exhibition, they serve as a reminder of how things are constantly in flux.

Freja Burgess – explorations in fabric

British artist Freja Burgess, who has been based in Oslo following her studies at Oslo Academy of Art, is inspired by the possibilities that lie in textiles. She paints, prints, dyes and sews, and explores the potential in textiles in both two and three dimensions.

Akin to Sætrang, who dyes textiles herself, Burgess works with textile dyes, but rather focusses on employing various printing techniques to colour fabric. Burgess has found inspiration in the possibilities that lie in both digital and silkscreen printing. Often, the motifs are initially painted onto paper and then translated onto textiles through digital printing. Other times, Burgess works manually with silkscreen printing; cutting paper stencils and developing drawn imagery into playful prints onto a variety of textiles, such as viscose, silk, satin, linen and cotton.

Burgess often incorporates sewing into her textile works. She uses different types of stitching, and some of the works are reminiscent of appliqués, as the figures have contours around them. But unlike the appliqué technique, where a motif is cut out from one fabric and stitched onto another, Burgess works with a single piece of fabric. The contouring in her works is made by sewing around the edges of individual elements of the motif.

She works with both figurative motifs and more decorative ones, with patterns and borders. Hands are a recurring motif in many of her works. Hands that handle a variety of foodstuffs and produce. The hand that carefully protects and the hand that creates. Foodstuffs like fish, meat and baked goods. The hand that prepares food and nourishment. The hand that keeps traditions alive and creates new ones.

Using different fabrics, textures and sewing techniques, Burgess builds works that challenge the fundamental qualities of the material. In some cases, she challenges its physical potential and structural qualities in order to create textile sculptures. The exhibition will introduce us to both her two-dimensional and three-dimensional works.

Tradition and the present

Knowledge about materials and crafts has had importance in most societies. Much has been lost with industrialisation and technological development, but new techniques and materials have provided us with new possibilities. This is reflected in the history of art. The distinctive character of art is that it contributes with something new; something innovative, be it materials, technique or expression. This is exemplified in the works by the four artists mentioned here, in the way that they navigate tradition, craft and materials. The exhibition will also feature loaned works by Hannah Ryggen, including ones that have rarely been shown in public. They contribute to the visualisation of the historical context inherent in the contemporary artworks.

In this exhibition at K-U-K, there will be a combination of old works and new ones created especially for the Triennale by artists who find themselves at different life stages. The ensuing dialogue between their works presents us with insightful and surprising encounters across generations and artistic expressions. The artists operate as intermediaries between the past, the present and the future; in line with the term *mater*, they create something lasting and meaningful through creativity, research and physical labour.

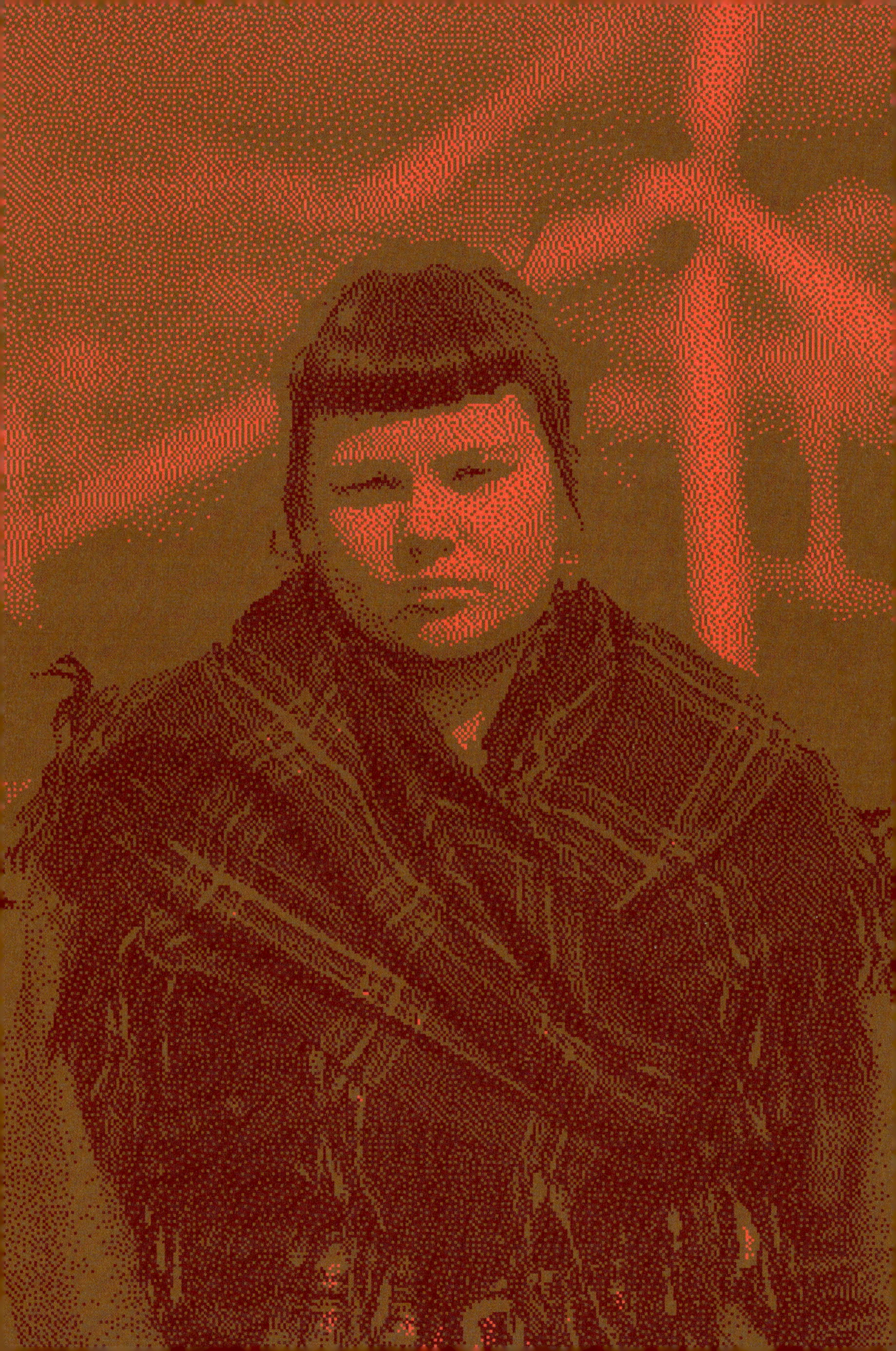

Ørland/Bjugn Kunstforening
Galleri Hans

MÁRJÁ KARLSEN
Gákkis mu ráhkis/ Beloved Wool

24.05
/ 30.08

DUEDTIE LEA AKTIVISME

Márjá Karlsen jïh Eva Rem Hansen Nordenfjeldske Kunstindustrimuseumistie soptsestellieh

Daate gåalmeden aejkien Nordenfjeldske Kunstindustrimuseum jïh Ørland/Bjugn Kunstforening såemies tjiehpiedæjjam bööredieh båetedh veasodh jïh barkedh Ørlandesne Hannah Ryggen Triennalesne, jïh dan tjïrrh don eatnamasse tjaangedh mesnie Hannah Ryggen jeanatjommesem sov jieliedistie jïjtje årroeji. Jaepien 2019 Ahmed Umar lij mijjen guessie, jïh barkoetjåanghkoem voenges noerigujmie jïh tjeahpoevuesiehtimmiem Galleri Hansesne höölti. Jaepien 2022 Marthe Minde lij guessietjiehpiedæjja, jïh gaskem jeatjah dam gaajh stoerre moereskulptuvrem *Ryggen rak* darjoeji, mij Austrottborgen ålkolen bïejesovvi. Daan jaepien tjiehpiedæjja lea Márjá Karlsen (r. 1998, Saepmie), gie sov bachelorgraadem medijume- jïh ïebnebaseereme tjeahposne tekstijlegoerehtimmine illi Kunsthøgskolesne Oslovisnie (KhiO) jaepien 2022. Dæjman Karlsen Guovdageaidnuse juhti edtja duedtiem lohkedh Saemien Jïlleskuvlesne, jïh daennie soptestallemisnie dïhte vielie sov tjeahpoebarkoen bïjre soptseste.

Datne jïjtjemdh duedtievytnesjæjjine tseegkeminie. Maahtah ånnetji jiehtedh mij datnem gåtjkohte don saemien duedtievætnose?

Maaje jeahta mijjen leah uktsie jielije saemien gïelh, men manne sïjhtem bagkesidh mijjen leah luhkieakte gïelh. Duedtie lea åajvoeh ræjhkoes barkoe mij mahte jïjtse gïeline ryöknesåvva. Dan lea jïjtse sisnjelds logihke jïh estetihke, seamma tïjjen goh bïevnesh, soptsesh jïh åssjalommesh boelveste boelvese guadta. Maehtedh duedtine barkedh lea dan joekoen stoerre privilegijume, jïh iktesth mij akt orre lïeredh.

Gosse duedtine barkeminie, dellie histovrijigujmie barka. Jïjtse jïh jïjtse fuelhkien histovrije. Mijjen aarebi maadtoej nyjsenæjjaj histovrijh, jïh dej histovrijh mah mijjen minngesne båetieh. Mijjen histovrije lea stïeresne fïerhtene unnemes detaljesne, dennie unnemes saejmesne jïh dejnie unnemes bæhtine ålloetyjjeste.

Men dan mietie maam manne govleme dellie dov geajnoe duedtien sïjse lea mïerhkelgovveme gaatoste, buerebh goh jåerhkeme; ih leah vætnoem åådtjeme dov aarebi maadtoej nyjsenæjjijste, jïh tjoerh dan åvteste vuekide geerve aaltarisnie lïeredh. Guktie naemhtie sjïdti, jïh mannasinie vihkele dutnjien jïjtjedh histovrijem bååstede vaeltedh?

Manne reakasovveme mearoesaemien fuelhkien sïjse Noerhte-Romsesne, dajve gusnie daaroedehteme lea gaajh tjarke orreme. Mijjen dajvesne vuesiehtimmien gaavhtan gapta ij lij åtnosne medtie tjuetie jaepieh, jïh lea mænngan orresistie dorjesovveme. Duedtie lea gujht joekoen våajnoes bielie saemien kultuvreste, guktie ij leah rovnege aath goh gaptah, beelhth jïh voedtegh svïegkesasse bïejesovvin jïh vöörhkesovvin.

Goh jeahtasovveme duedtie lea ånnetji goh jïjtse gïele, guktie dam bieliem kultuvreste bååstede vaeltedh mannem jïh jïjnjh jeatjebh seamma tsiehkesne viehkehte jïjtjene gïelem bååstede vaeltedh – daate hov jïjtjenænnoestimmien bïjre. Dïhte ellen stööremes skraejrie munnjien lea manne im vætnoem bååstede vaeltieh ajve mov gaavhtan, men mubpiej gaavhtan mov fuelhkesne, dej gaavhtan gïeh mov minngesne båetieh, jïh abpe saemien seabradahken gaavhtan. Duedtie lea ektie praksise jïh ij leah mij akt maam ajve dorje goh aktegsalmetje.

Vuesiehtimmien gaavhtan gosse edtjim lïeredh guktie kraanoeh veevedh, dellie tjoerim Olmmáivággisne mïnnedh kuvsjem vaedtsedh, guktie ij gåaredh dam oktegh darjodh. Vihkele dam eensilaakan lïeredh, jïh manne dan joekoen gijhteles manne mijjen tjiehpies båarasåbpoe veevijigujmie åahpenim.

Jeatjah vuesiehtimmie lea voedtegi möönsterh. Ih maehtieh ajve veevedh jïh saaht mah voedtegh tsaekedh, dan åvteste voedtegh eah ajve maam akt dov bïjre soptsesth goh aktegsalmetje, men aaj man fualhkan jïh man dajvese datne govlesovvh. Guktie dellie tjuara aelkedh maadtoeladtjide goerehtidh, jïh dejtie vijsies veevijidie gihtjedh mah desnie, mah möönsterh mah reaktoe dutnjien sjidtieh.

Guktie dov barkoe aerpievuekien vætnoevuekiejgujmie lea aktivisteles, dennie goerkesisnie dïhte såemies ovreaktam dovve mij lea saemiej vööste dorjesovveme jïh dej nuepiem jïjtsh kultuvrem jieliedisnie hööltedh sertiestimmien tjïrrh boelveste boelvese. Datne aaj vætnoem jïh aktivismem ektiedamme jeatjahlaakan; maahtah ånnetji dan bïjre soptsestidh – jïh gååvnese raaktan såemies raaste tjeahpoen jïh aktivismen gaskem dov barkosne?

Mov barkosne ij leah hijje maj naan raaste duedtien jïh aktivismen gaskem. Mov gaahtan akte eadtjohke veeljeme orreme aerpievuekide bååstede vaeltedh mejtie rïektesisnie lim byöreme maadtoeladtjijste eerpedh – guktie naemhtie dle gaajhke maam darjoem, aktivismine sjædta. Gosse mijjieh doh voestes Fovsen-aksjovnh soejkesjimh, lij dan åvteste eevre iemie veevem jïh vætnoem meatan vaeltedh ålja- jïh energijedepartemeenten sïjse. Veeve maahta symbovline årrodh saemien eksistensese jïh vuastalæmman. Seamma tïjjen veeve aaj seadtoem jïh soelkedassem vadta dïsse gie veeveminie – rïektesisnie tråarh mijjen jïh mijjen aarebi nyjsenæjjaj gaskem, dïhte amma hijven faamoegaaltije. Veeve maahta aaj mijjem måjhtajehtedh man åvteste gæmhpobe – gïele, kultuvre, jïjtjenænnoestimmie jïh eksistense.

Manne provhkem sjelhkiedidh mov raerie gaajhkide aktivisteles dåeriesmoeride lea veevekuvsjem hööltedh. Dïhte dejtie sæjloes aktivistide ohtje lïegkedimmiem jïh orre faamoem vadta – jïh lea njaelkies jïh jearsoes tjïehtjele soptsesidie soptsestidh, jïh aavoebodtetjh juekedh.

Datne amma veevem gïrreminie nuhtjeme bïegkefaamoebigkemen vööste saemien båatsoedajvine, gaskem jeatjah Fovsesne Trööndelagesne. Daelie guessietjiehpiedæjjine båatah ojhte Fovsese, jïh edtjh eatnamisnie barkedh gusnie Hannah Ryggen hööltesti, gusnie tjahkasji kraanoeh veevi politihkeles dïjrigujmie. Altese motijvh lin daamtaj vïedteldihkie heannadimmide mah sjugniehtovvin guhkede Fovseste, men læjhkan altese kraanoeh roehtsh dennie voenges eatnamisnie utnieh; dïhte lïhke eatneme lij amma eaktoe altese politihkeles dïjrese, dan åvteste dïhte vegetasjovnem sov bïjre nuhtji laejkiem feegredh mejnie kraanojde veevi. Guktie datne eatnemem meatan vaaltah dov politihkeles vætnoebarkose, jïh mij akt sjïere saemien kultuvren ektiedimmine eatnamasse maam sïjhth guhkiebasse jåerhkedh?

Duedtie lea tjarke vïedteldihkie eatnamasse. Jeenjemasth ajve ïebnh nuhtjie mejtie mijjen voenges eatneme mijjese vadta. Seamma tïjjen maahta vuejnedh man eatnamasse naakenh govlesuvvieh viehkine vuartasjidh guktie duedtiem feegreme. Mijjieh eatnemem geehtebe jïh eatneme mijjem geehtie.

Gosse kraanoeh veevem dellie vuesiehtimmien gaavhtan ajve voenges ålloem Noerhte-Romseste nuhtjem. Leam såemies rovnegs jaepieh åtneme gusnie Oslovisnie orreme, jïh «ammes» såarhts eatnamisnie orreme mij ij naan ektiedimmiem åtneme mov duedtiebarkojne – joekoen stoerre mïelem vadta manne leam bååstede Saapman jåhteme.

Vïenhtem dagke dïhte vihkielommes maam manne sïjhtem guhkiebasse jåerhkedh lea gijhtelesvoetem eatnamasse maam duedtien tjïrrh leara – dïhte aaj dïedtedomtesem vadta mij manne vïenhtem aevhkine sjædta gosse tjoerebe tjuedtjielidh gæmhpodh.

Gosse edtjh Ørlandesne årrodh edtjh sjïere ïebnine barkedh – gidtjh vaarese, mejnie aaj barkeme aarebi. Maahtah ånnetji vaaresen histovrijen bïjre jiehtedh, man åvteste dov lea ïedtje raaktan daehtie ïebneste, jïh guktie ussjedh dam vuesiehtimmesne åehpiedehtedh maam edtjh Galleri Hansesne utnedh Hannah Ryggen Triennalesne 2025?

Vaarese lea såemies såarhts jassijes ålloetyjje mestie aerpievuekien mietie lea aarkebiejjien vaarjoeh/gaptah gååreme. Dïhte gaajh bïjvele jïh mahte dovhtehke.

Naakede destie mij lustemes gosse gåarodh lea gosse orre tyjjestuhtjem buartan bïejh. Tyjjesne dan joekoen gellie nuepieh jïh potensijalh, jïh daamtaj tyjje dutnjien soptseste maam jïjtje sæjhta sjïdtedh. Dïhte domtese nuepijste mij lea dan joekoen luste kraanskodh barkosne vaaresinie – datne ïebnem darjoeh mij maahta saaht mij sjïdtedh. Seamma tïjjen dan jïjnje daajroe ajve daennie "aelhkie" ålloetyjjesne. Desnie daajroe guktie sïrvigujmie gïehtelidh jïh guktie ålloem gïetedidh, gurremen, veevemen jïh minngemes aaj döövemen bïjre.

Mov håhkoe lea maehtedh dejnie voenges gurremesijjine laavenjostedh jïh ålloem voengeste pryövedh. Lissine tjuara dam gaervies veeveme tyjjem *steemhpedh* ihke edtja döövesovvedh, jïh dïhte lea laavenjostoebarkoe gusnie daerpies vissjeles almetjigujmie mah sijhtieh trööredh (raaktan) – dagke tjeahpoevuesiehtimmie gaajhkeste sjædta?

DUODJI IS ACTIVISM

Márjá Karlsen in conversation with Eva Rem Hansen, Curator at Nordenfjeldske Kunstindustrimuseum (National Museum of Decorative Arts and Design)

For the third time, Nordenfjeldske Kunstindustrimuseum and Ørland/Bjugn Kunstforening have invited an artist to do a residency in Ørland during the Hannah Ryggen Triennale, thereby immersing themselves in the very landscape where Hannah Ryggen herself spent most of her life. In 2019, our resident artist was Ahmed Umar, who held a workshop with local youths and staged a performance at Galleri Hans. In 2022, Marthe Minde was our guest. During her residency, she created the monumental wooden sculpture *Ryggen rak*, which was placed outside Austrått Manor. This year's resident artist is Márjá Karlsen (b. 1998, Sápmi), who completed her BFA in Medium and Material Based Art, specialising in textiles, at Oslo Academy of Arts (KHiO) in 2022. Last year, Karlsen moved to Kautokeino in order to study Duodji at the Sámi University of Applied Sciences. In this conversation, she tells us more about her artistic practice.

You're about to establish yourself as a Duojár – a Sami craftsperson. Could you talk a bit about what draws you to Sami crafts?

They say there are ten living Sami languages today, but I would argue that there are eleven. Duodji is a tremendously rich practice that is practically a language of its own. It has its own inner logic and aesthetics, and it carries with it information, stories and ideas across generations. Being able to work with Duodji is an enormous privilege, and there's always something new to learn.

When practising Duodji, you're working with stories. It is your own and your family's story. It is the stories of our ancestors, and the stories of our descendants. Our history is present in every minute detail, even in the smallest stitch and the smallest piece of wool.

But from what I've heard, your journey into Duodji has been signified by disruption rather than continuity: the craft was not passed on to you by your foremothers, meaning you've had to acquire the skills and techniques as an adult. Could you explain why this is, and why it's important to you to reclaim you own history?

I was born into a coastal Sami family from northern Troms, an area where Norwegianisation was enforced in a particularly severe manner. For example, the *kofte*, part of our indigenous dress, was not worn for a period of around one hundred years in our area, and later had to be reconstructed. Duodji is a very visible part of Sami culture, so it's no wonder that things like the kofte, belts and *kommag* bands were hidden away.

As I was saying, Duodji is like a language in its own right, so reclaiming this part of our culture is contributing to giving me, and many others who find themselves in the same situation, our voice back – it's a matter of autonomy. For me, the main incentive is that I'm not only reclaiming the craft for myself, but for others in my family, my descendants, and the Sami community in general. Duodji is a collective practice, not something you do solely as an individual.

For example, in order to learn the *grene* weaving technique, I had to travel to Manndalen to take a course, because it's not something you can do on your own. It's important to learn the craft thoroughly, and I really appreciated getting to know the skilful elderly weavers from our community.

Another example is the patterns on the kommag bands, the decorative shoe bands. You can't just weave and wear any band, as the patterns do not only represent you as an individual, but the family and geographical area from which you hail. Some research into your ancestry is required, and then you will have to ask the wise local weavers' advise on which patterns you may wear.

So, your work with traditional craft techniques is activism, in the sense that it rights a wrong that was done to the Sami people and their ability to keep their own culture alive by passing it on through generations. You have also united craft and activism in other ways; could you talk a bit about this – and is there really much of a divide between art and activism in your practice?

In my practice, there is no divide between Duodji and activism. For me, it was an active choice I made to reclaim the traditions that should have been passed down to me by my family – so in that sense, everything I do is activism. Therefore, when we planned the first Fosen demonstrations, it felt completely natural to bring our weaves and crafts to the Royal Norwegian Ministry of Energy. The weave can be a symbol of Sami existence and resistance. At the same time, the weave offers a sense of calm and comfort to the person weaving – threads are literally drawn between us and our foremothers, and that's a good source of strength. The weave can also serve as a reminder of what we're fighting for – our language, our culture, our autonomy, and our existence.

I often make the joke that my solution to every activist problem is to give a course in weaving. This gives exhausted activists a little breather and renewed strength – and it is a positive, safe space for storytelling and joyous moments.

You have used the weave in protests against the development of wind farms in areas where the Sami are herding their reindeer, such as Fosen in Trøndelag. You are now coming to Fosen as a resident artist, and you'll be working in the same landscape that surrounded Hannah Ryggen as she wove political messages into her tapestries. Her motifs were often related to events that took place far beyond Fosen, but her tapestries are still rooted in the local landscape: the nature here was practically a prerequisite for her political messages, as she used the local flora to dye the yarn with which she wove them. How do you integrate nature into your political craft practice, and is there anything in particular about Sami culture's relationship with nature that you wish to pass on?

Duodji is intrinsically linked to the landscape. Largely, we use only materials that our local landscape provides. By the same token, you can tell which landscape someone belongs to by deciphering the decorations in the Duodji. We look after nature, and nature looks after us.

When weaving grene blankets, for example, I use only local wool from northern Troms. There were a couple of strange years during which I lived in Oslo and inhabited a 'foreign' type of landscape that didn't have any connection to my Duodji work. It makes a lot of sense that I moved back to Sápmi.

I think the most important aspect that I wish to pass on is the gratitude towards nature that one learns through Duodji – it gives you a sense of responsibility that I think comes in handy when we have to go to the barricades.

During your residency in Ørland, you'll be working with a special material – namely wadmal, which you have worked with in the past. Could you talk a bit about the history of wadmal, what draws you to this material in particular, and how you plan to present it in your exhibition at Galleri Hans during the 2025 Hannah Ryggen Triennale?

Wadmal is a dense wool fabric that has traditionally been used in everyday clothing and the Sami kofte. It is wonderfully warm and practically waterproof.

One of the most enjoyable aspects of sewing is when you unfold a new piece of cloth. In it, there are so many possibilities, so much potential, and often, the cloth tells you what it wants to become. It is this promise of possibility that is so much fun to explore when working with wadmal – you're creating a material that can be turned into almost anything. At the same time, there is so much knowledge embedded in this 'basic' wool fabric. It contains the knowledge of sheep farming, the processing of wool, spinning, weaving, and eventually fulling as well.

I hope to collaborate with the local spinning mill and experiment with wool from the local area. Then the woven fabric needs to be trampled as part of the fulling process, and that's a collaborative task for which I'll need a couple of patient assistants who are willing to step to it (literally) – perhaps it will turn into a performance?

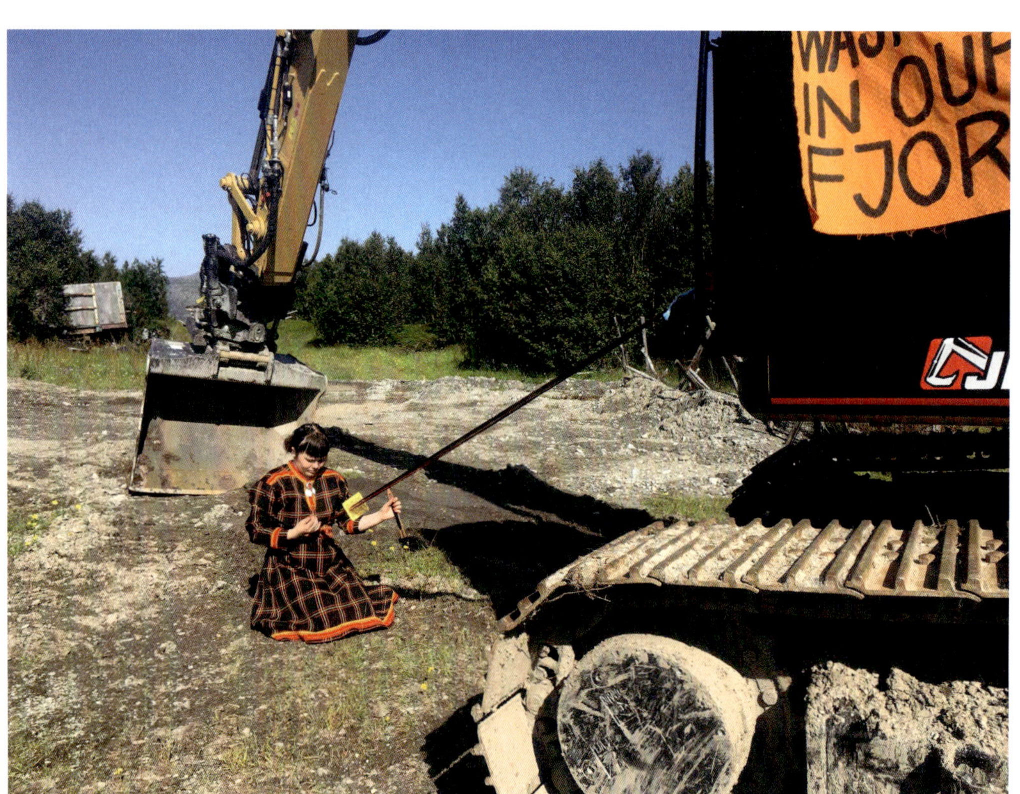

Márjá Karlsen in Repparfjord, 2021.

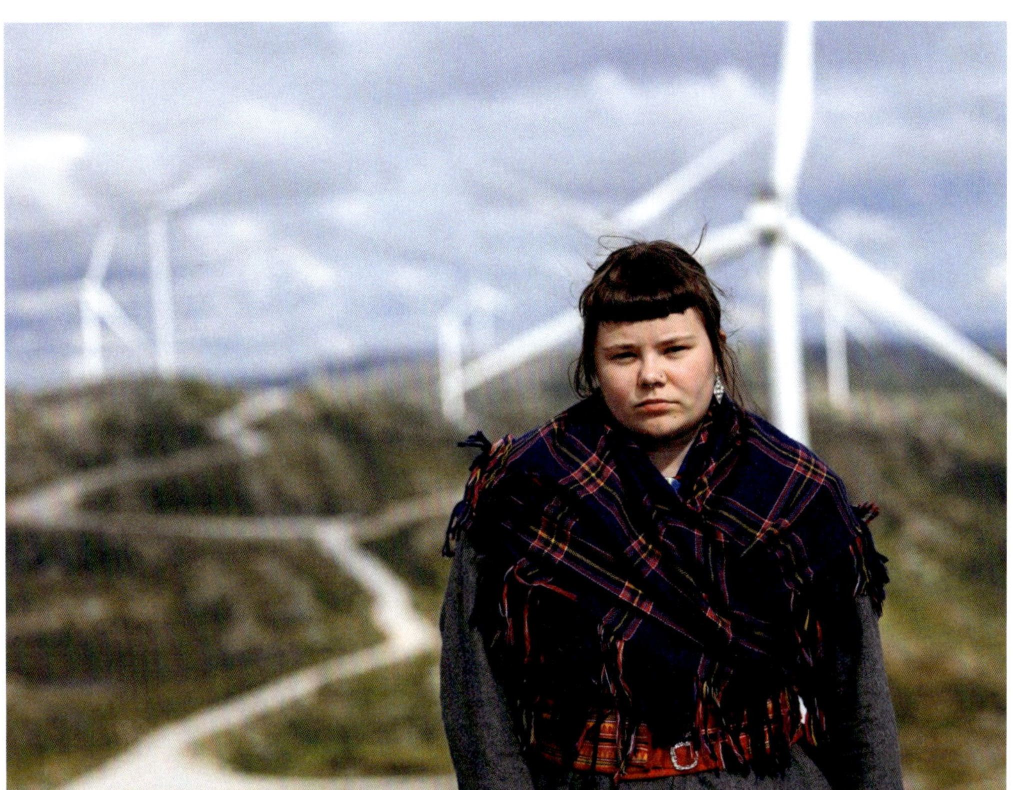

Márjá Karlsen in Fosen, 2024.

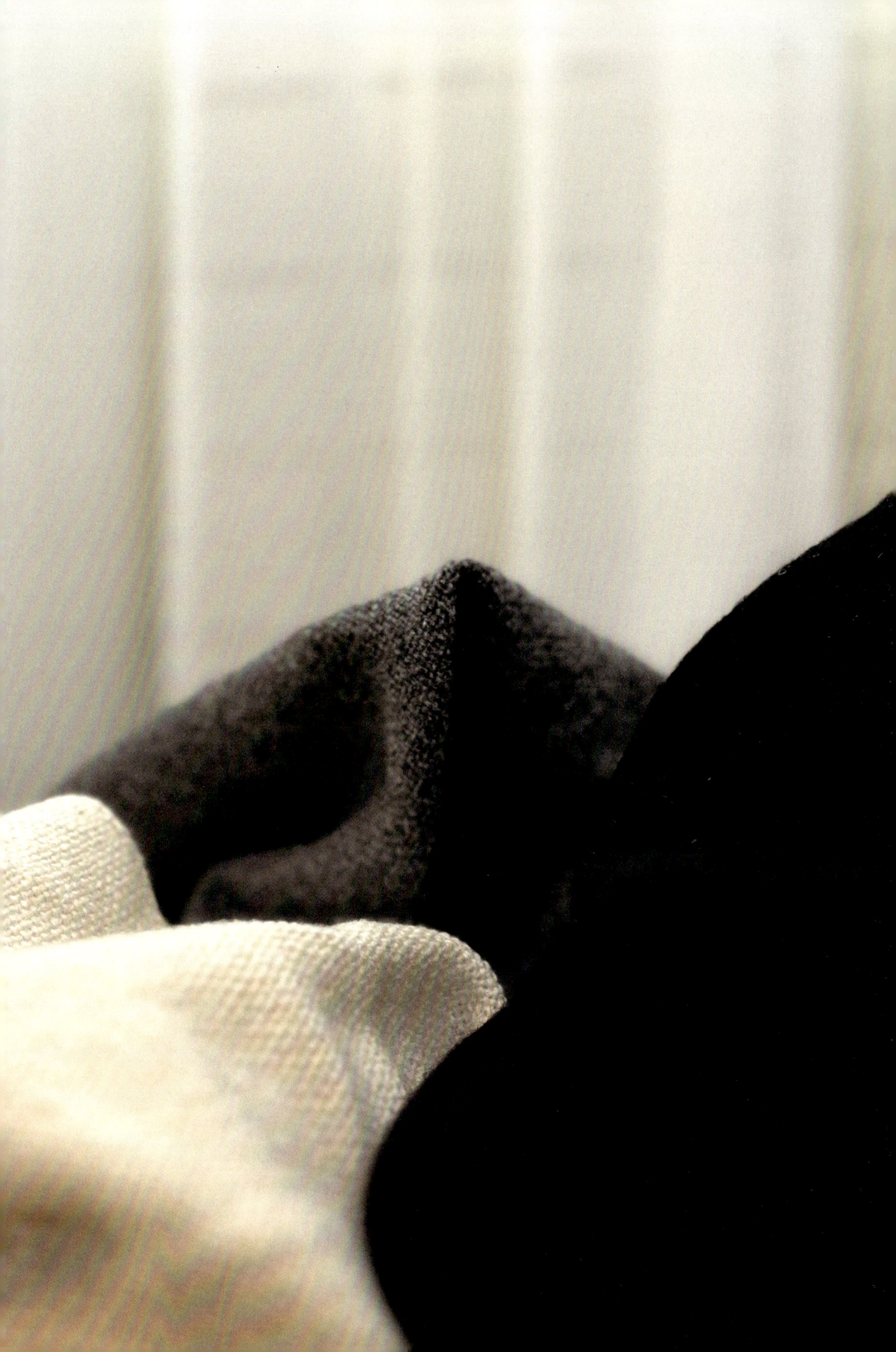

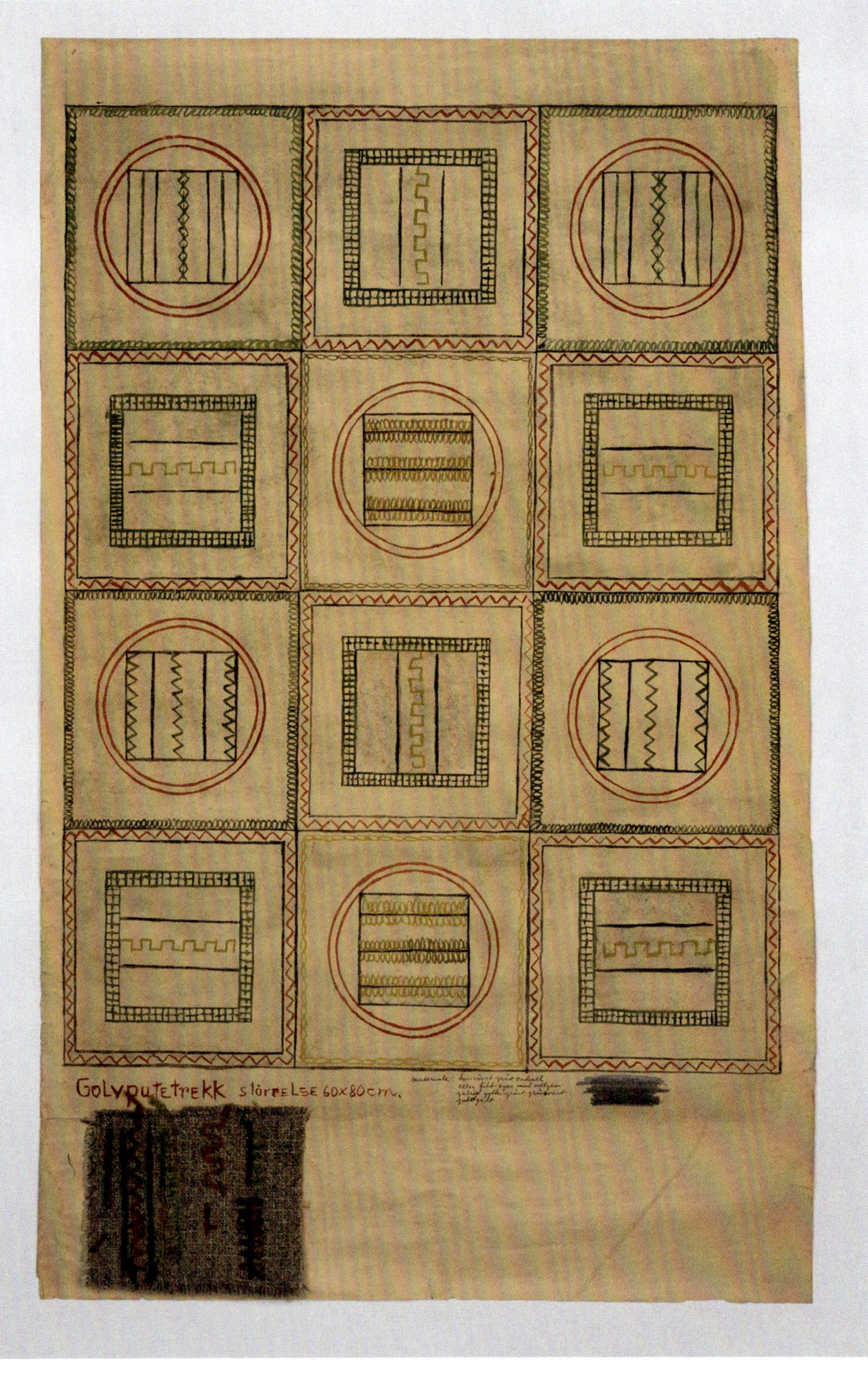

Hannah Ryggen, sketch for pillow cover, n.d.
Paper, *wadmal* wool, yarn, 105×67 cm.
Nordenfjeldske Kunstindustrimuseum.

Nordenfjeldske
Kunstindustrimuseum

KATHARINA CIBULKA
SOLANGE #32

02.04
/ 14.09

HVOR LENGE MÅ VI FORTSETTE Å KJEMPE FOR LIKESTILLING MELLOM KJØNNENE?

SOLANGE-prosjektet
av kunstner Katharina Cibulka

SOLANGE er et internasjonalt deltakelsesbasert kunstprosjekt som fremmer dialog. Målet er å skape bevisstgjøring rundt kjønnsdiskrimineringen som folk opplever i samfunnet vårt. Kommunikasjonsmiddelet er et offentlig kunstverk som måler 200–800 m^2. Stor skrift i knallrosa tyll er sydd på stillasnett for hånd.

SOLANGE betyr «så lenge» på tysk. Hvert SOLANGE-nett har en påsydd setning som starter med «Så lenge...» og slutter med «...vil jeg være feminist». De enorme, rosafargede budskapene forfekter et rettferdig samfunn der ingen begrenses grunnet kjønn, etnisitet eller religion. Prosjektets fokus er å rette oppmerksomhet mot og stille spørsmål ved vedvarende sosiale maktstrukturer. Nettene skaper et spenningsfelt mellom de tradisjonelt kjønnsbundne konnotasjonene rundt håndarbeid som et kvinnelig domene og byggeplassen som utelukkende for menn.

I tråd med SOLANGE-prosjektets deltakelsesbaserte ånd inviterer våre lokale samarbeidspartnere publikum til å komme med sine egne forslag til en SOLANGE-setning. Denne prosessen er et sentralt element av kunstverket.

SOLANGE er et bærekraftig og internasjonalt prosjekt; det snakker alle språk. Kunstintervensjonene har vært installert på kirker, festninger, muséer og universiteter fra Wien til Köln, Ljubljana, Orléans, Rabat og Washington D.C. Per dags dato har SOLANGE-teamet installert 30 nett i åtte ulike land og på sju ulike språk. I sammenheng med Hannah Ryggen Triennale 2025 kommer den offentlige kunstverksserien SOLANGE / SÅ LENGE til Norge for første gang. Bli med og hjelp oss med å spre likestilling!

www.solange-theproject.com/en
Instagram: @solange_theproject

HOW MUCH LONGER DO WE HAVE TO STAND UP FOR GENDER EQUALITY?

The SOLANGE Project
by artist Katharina Cibulka

SOLANGE is an international participatory art project that promotes dialogue. It aims to raise awareness for gender inequalities people experience in our society. Its means of communication is a 200 to 800 m² public artwork – large lettering hand-embroidered onto scaffolding nets in bright pink tulle.

SOLANGE is German for 'as long as'. Every SOLANGE net features a sentence starting with 'As long as …' and ending with '… I will be a feminist'. The oversized pink messages advocate for a fair society beyond the boundaries of gender, race, background and religion. The focus is to call out and question prevalent social power structures. The nets create a field of tension between the traditionally gendered connotations of craftwork as female and of construction sites as male spheres.

In keeping with the participatory spirit of SOLANGE, our local cooperation partners initiate an open call for the public to submit their own ideas for a SOLANGE sentence. This process is a central element of the artwork.

SOLANGE is sustainable and international; it speaks all languages. The art interventions have been installed on churches, fortresses, museums and universities from Vienna to Cologne, Ljubljana, Orléans, Rabat and Washington D.C. To date, the SOLANGE team has installed 30 nets in eight countries and seven languages. The Hannah Ryggen Triennale 2025 brings the public art series SOLANGE/AS LONG AS to Norway for the first time. Come join us in spreading equality!

www.solange-theproject.com/en
Instagram: @solange_theproject

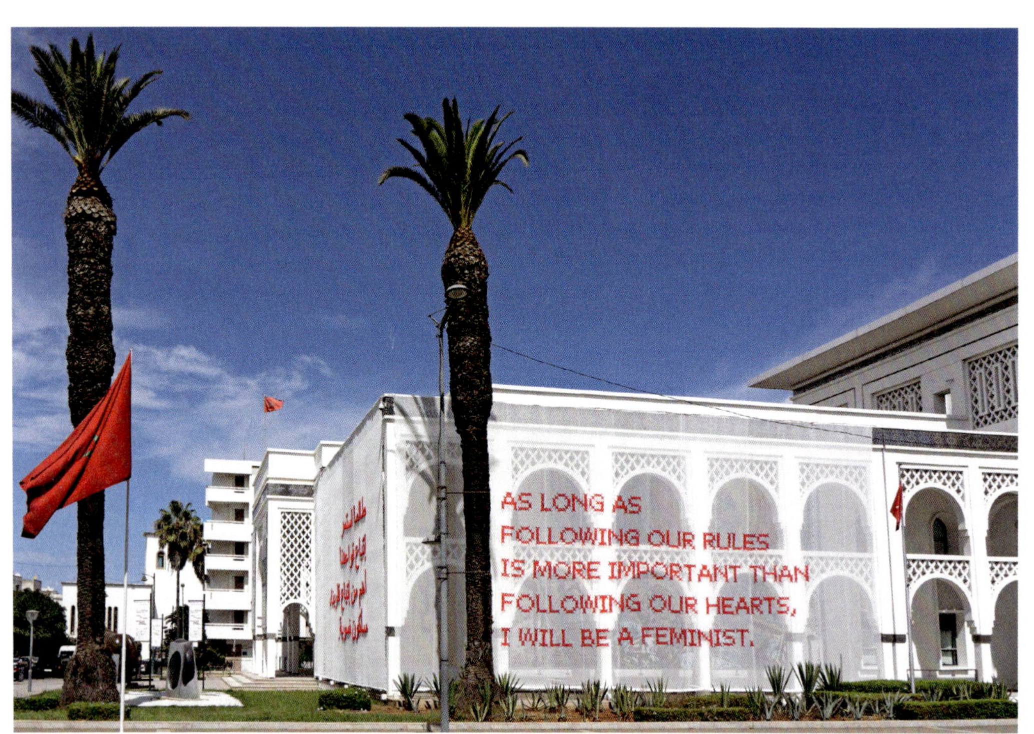

Katharina Cibulka, *SOLANGE #7/8*,
Musée Mohammed VI d'Art Moderne et Contemporain,
Rabat, Morocco, 2019–20.

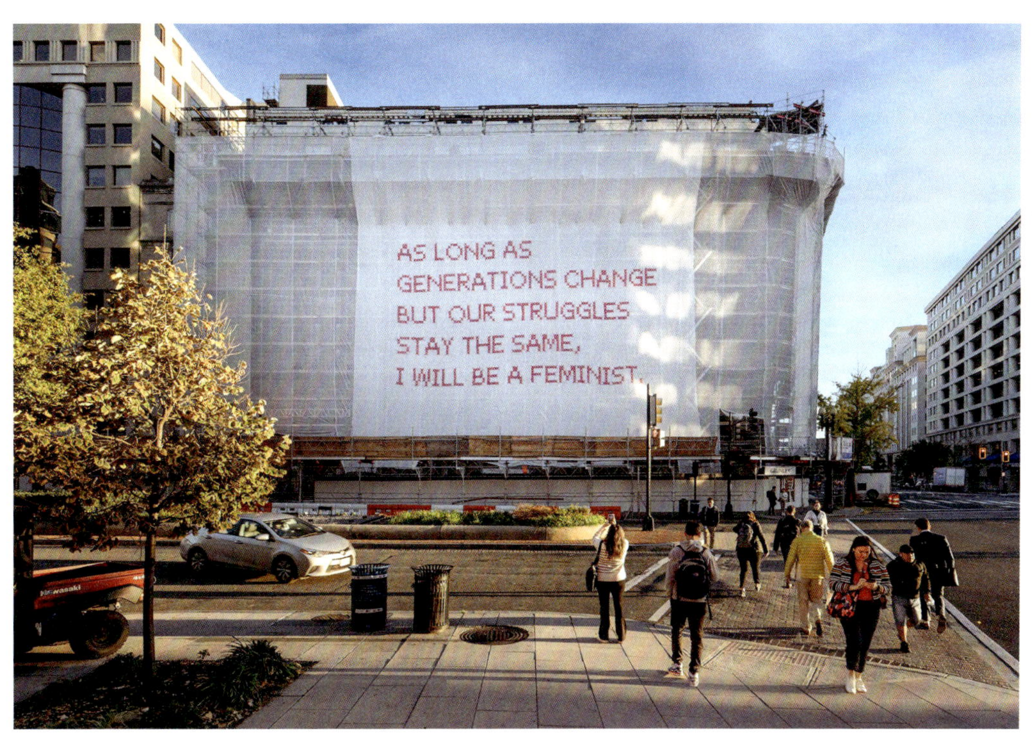

Katharina Cibulka, *SOLANGE #27*,
National Museum of Women in the Arts,
Washington D.C., USA, 2022–23.

Hannah Ryggen Triennale 2025
MATER

Editors
Eva Rem Hansen and Linn Halvorsrød

Graphic design
Espen Varslot and Live Schille
Skogen Agency

Texts
© The authors

Images
© Hannah Ryggen
Tove Pedersen
Monika Mørck
Hans Ryggen
Elisabeth Haarr
Damien Ajavon
Marthe Kampen
Kristine Fornes
The Easton Foundation
Elise Storsveen
Veslemøy Lilleengen
Maritea Dæhlin
Gitte Dæhlin
Gunvor Nervold Antonsen
Bente Sætrang
Erlend Grytbakk Wold
Katharina Cibulka
/BONO, Oslo 2025

Photos
Freia Beer / Nordenfjeldske Kunstindustrimuseum, pp. 5, 15, 16, 17, 22 (top), 24, 37, 154.
Bjørn Mortensen, p. 18.
Nordenfjeldske Kunstindustrimuseum, p. 20.
Dino Makridis / Nordenfjeldske Kunstindustrimuseum, p. 21.
Gallicia Digital Library/CC, p. 22 (left);
Dagbladet, p. 22 (right).
Anders Sundet Solberg / Nordenfjeldske Kunstindustrimuseum, p. 23.
Steffen Wesselvold Holden / Nordenfjeldske Kunstindustrimuseum, p. 25.
NTNU Universitetsbiblioteket, pp. 38–39.
Thor Nielsen / Nordenfjeldske Kunstindustrimuseum, p. 40.
Jarle H. Hvidsten, pp. 49, 60.
Jacky Jaan-Yuan Kuo, p. 53.
Vegard Kleven, p. 54.
Julie Hrncirova, p. 55.
Istvan Virag, p. 56.
O. Væring Eftf., p. 68.
Liv Bugge, pp. 69–73.
Annika Svendsen Finne, p. 78.
Håkon Sandmo Karlsen, pp. 90–94.
Thor Brødreskift, p. 95.
Christen Sveaas' Kunststiftelse, p. 106.
Øystein Thorvaldsen, p. 107.
Marin Shamov, p. 108.
Thora Dolven Balke, p. 109.
Swedish Radio Drama, p. 110.
Basma Al-Sharif, p. 111.
Inga Skålnes, p. 112.
Aline Motta, p. 113.
Pablo Rojo, p. 114.
Dag Asle Langø / Trondheim kunstmuseum, p. 115.
Varun Gupta, p. 116.
Guttormgaards Arkiv, pp. 117–119.
Anders Solberg / Trondheim kunstmuseum, p. 120.
Thomas Tveter, p. 128.
Andrea Gamst, p. 129.
Gunvor Nervold Antonsen, pp. 130–131.
Bente Sætrang, pp. 132–133.
Galleri Golsa, pp. 134–135.
Freja Burgess, pp. 136–137.
Márjá Karlsen, pp. 150, 153.
Rasmus Berg, p. 152.
Ferdinand Cibulka, p. 158.
Kevin Allen, p. 159.

Translations
Ingvild Andersen
Ellen Jonassen

Copy editing
Alexandra Cox

Paper
Inside pages: Magno Volume 150 gsm
Cover: Peyprint Honan 270 gsm

Typefaces
Tiempos
Neue Haas Unica
Minotaur

Print run
1200

Printer
Offizin Scheufele

Bibliographic information published by the Deutsche Nationalbibliothek
The Deutsche Nationalbibliothek lists this publication in the Deutsche Nationalbibliografie; detailed bibliographic data are available at www.dnb.de.

Made in Europe, 2025

ISBN 978-3-89790-740-9

This publication is made possible through generous support from Sparebankstiftelsen SMN, Bergesenstiftelsen, Torstein Erbos gavefond og Adolf Øiens Fond for Allmennyttige Formål.

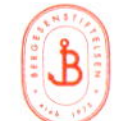
Bergesen-
stiftelsen

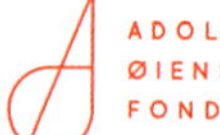

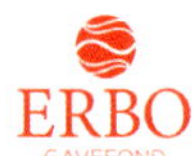

Sparebankstiftelsen SMN

Hannah Ryggen Triennale 2025 is organised by Nordenfjeldske Kunstindustrimuseum in collaboration with Dropsfabrikken, K-U-K, Kunsthall Trondheim, Trondheim kunstmuseum, Trøndelag senter for samtidskunst and Ørland/Bjugn Kunstforening.

Trondheim and Ørland, Norway
April 04–September 14, 2025
nkim.no/hrt2025